「365日」の
パン暮らし

杉窪章匡
Akimasa Sugikubo
「365日」「15℃」オーナーシェフ

はじめに

美味しいって幸せになる。
365日、毎日の食事がココロとカラダを育むんだ。
大切な人が元気でいられるように。
大切な人が笑顔で過ごせるように。
愛情は食事で表現できる。
幸せは食事で作られる。
美味しいって幸せになるから。
大切な人にはいつでも幸せでいてもらいたいから。
笑顔に、幸せになるレシピを大切なあなたに届けます。

365日　杉窪章匡

はじめに 2

日曜日のパンブランチ 6
fine brunch with bread on Sunday

クロックマダム／スープ・ペイザンヌ 8
エッグベネディクト2種 10
ハンバーガー 12
シーザーサラダ 14
オニオングラタンスープ 16
フレンチトースト 18

ウィークデーのパン朝食 22
breakfast with bread on weekdays

ハニートースト 24
トマト&モッツァレラトースト 26
アボカドトースト 28
ハム&チーズサンド 29

パンと卵 34
bread with egg

たまごサンドイッチ 34
ミートソースオムレツ 36
ハムエッグ 38
スクランブルエッグ 40
ハタケとゆで卵 42

ふたりで食べるサンドイッチ 44
sandwich for you and me

アメリカンクラブハウスサンドイッチ 46
ビーフカツサンドイッチ 48
ティーサンドイッチ 50
フルーツサンドイッチ 52

タルティーヌと季節のスープ 54
tartine and seasonal soup

グリーンピースといかのタルティーヌ／ミネストローネ 56
いわしとドライトマトのタルティーヌ／冷製枝豆スープ 58
なすのタルティーヌ／かぼちゃのスープ 60
ごぼうとローストビーフのタルティーヌ／レンズ豆のスープ 62
季節のスープ 64
和風ミネストローネ／冷製コーンスープ／栗のスープ／豆のスープ

68 とっておきのおもてなしレシピ
special menu for a party

- 70 真鯛のカルパッチョ／魚介類と春野菜のブレゼ
- 74 生春巻き／タイ風牛ハラミ肉のサラダ
- 76 すき焼き／ほうれん草と春菊の和え物
- 80 ビーツとキヌア、りんごのサラダ／仔羊ローストのカスレ

82 そして、パンが残ったら…
recipe for leftover breads

- 84 リボリータ
- 85 ガスパチョ
- 86 パンツァネッラ
- 88 パン・ペルデュ
- 90 チョコレートケーキ

- 20 column ① 美味しいトーストの焼き方
- 30 column ② プレゼントにもおすすめ パンのとも
  コンフィチュール／カスタードクリーム／
  明太子ペースト／豚のリエット
- 47 column ③ サンドイッチの基本
- 66 column ④ 365日の Good Things
- 75 column ⑤ パンとチーズ、そしてワイン

- 33 レシピの補足①
  ブイヨン／自家製マヨネーズ／サワーマヨネーズ／
  水切りヨーグルト／ヨーグルトソース／トマトケチャップ
- 95 レシピの補足②
  自家製ハム／フレンチドレッシング／アイオリソース
- 92 本書に登場するパンレシピ
  365日×食ぱん／バンズ／ブリオッシュ
- 94 365日のパン

この本の使い方

【パンについて】
本書では「365日」のパンを使用し、個々のパンに最適な食材と調理法から生まれたレシピを紹介しています。食パンやバゲットはサイズが小ぶりのため、市販のパンで作るより材料やでき上がりの分量は少ない場合があります。別なパンで代用する場合は、同じような特徴をもったパンを選んでください。

【材料表について】
・計量単位は、小さじ1＝5ml、大さじ1＝15ml、1カップ＝200mlです。
・材料表にある人数は、でき上がりのおおよその分量です。少量では作りにくい料理などは、1回に調理しやすく、使いやすい量で「作りやすい分量」としてあります。
・材料表の重量は、特に表記がない場合、破棄分（皮や芯、種、筋など）を含んでいます。

【作り方について】
・野菜類などは、特に表記がない場合、洗う、皮をむくなどの作業をすませてからの手順を説明しています。
・火加減は、特に表記のないものは中火で調理してください。
・オーブンは使う前に必ず指定の温度で予熱をしてください。また、オーブンは機種によって加熱温度、加熱時間が異なります。表記の時間を目安に、様子を見ながら調整してください。
・調理時間は、あくまでも目安と考えてください。
・フライパンはフッ素樹脂加工のものを使っています。
・でき上がりの写真などは、分量と異なることがあります。

＊本書の掲載情報は2017年4月現在のものです。掲載商品の価格は、原則消費税別の価格です。

日曜日のパンブランチ
fine brunch with bread on Sunday

大切な人とゆっくり過ごしたい日曜日。
そのスタートは、時間をかけて支度したブランチ。
おしゃれで特別感のあるメニューで、いつもと違う一日をプレゼントしよう!!

クロックマダム

たっぷりのベシャメルソースに半熟卵は美味しすぎるから、口の周りを汚しちゃっても大丈夫！

[材料] 1人分
365日×食ぱん*（2cm厚さ）… 1枚
ベシャメルソース（作りやすい分量）
　牛乳（人肌に温める）… 500ml
　バター（食塩不使用）… 50g
　A ┃ 強力粉 … 25g
　　 ┃ みなみの穂** … 25g
　　 ┃ サワークリーム … 10g
　B ┃ 塩 … 1.3g
　　 ┃ ナツメグ … 0.1g
　　 ┃ 粗びき白こしょう … 0.1g
自家製ハム（薄切り／作り方はp.95）… 1枚
グリュイエールチーズ … 1枚
卵 … 1個
グレープシード油 … 適量
＊ p.92 参照。
＊＊ 福岡県産小麦100％で作られた強力粉。

付け合わせ
キャロットラペ、ごぼうの粒マスタードマヨネーズ和え、じゃがボール（作り方は下記）… 各適量
好みの葉野菜、ドレッシング（作り方は下記）… 各適量

[作り方]
1. ベシャメルソースを作る。小鍋にバターを入れて弱火にかけ、溶けたら、Aを一気に入れる。小麦粉に色をつけないように泡立て器で混ぜながら火を入れる。
2. 全体が細かく泡立ち、サラッとしたら、牛乳を少しずつ加える。そのつど泡立て器でなめらかになるまで手早く混ぜ、沸騰させる。
3. Bを加えて調味し、とろみがついたら火を止める。
4. 食ぱんの片面に3を適量塗り、ハム、グリュイエールチーズをのせる。
5. オーブントースター、もしくは230℃に予熱したオーブンでチーズに焼き色がつくまで10分ほど焼く。
6. フライパンにグレープシード油を入れて熱し、卵を割り入れる。白身がかたまって縁がパリッと焼けたら、5にのせる。
7. 器に6とキャロットラペ、ごぼうの粒マスタードマヨネーズ和え、じゃがボールを盛り合わせ、葉野菜を添えてドレッシングをかける。

溶かしたバターに小麦粉を加え、焦がさないようにかき混ぜながら、サラッとした液状になるまで火を通す。

人肌に温めた牛乳を少しずつ加え、そのつどダマにならないように混ぜ、しっかり沸騰させる。

じゃがボール

[材料] 15個分
じゃがいも … 中1個（150g）
グラナパダーノチーズ*（すりおろす）… 25g
香菜（みじん切り）… 少々
塩、粗びき白こしょう … 各適量
グレープシード油 … 適量
＊ イタリア北部のポー川流域に広がるパダーノ平野一帯で生産される超硬質チーズ。パルミジャーノはこのチーズの仲間。

[作り方]
1. じゃがいもを皮付きのまま水からゆでる。竹串を刺すとスッと通るくらい柔らかくなったらざるに上げ、熱いうちに皮をむく。
2. 1をマッシャーで細かくつぶし、グラナパダーノチーズ、香菜を加える。塩、白こしょうで味を調える。
3. フライパンにグレープシード油を熱し、2を1個10gほどの大きさに丸めて焼く。焼き色がついたら弱火にし、転がしながら2分ほど火を入れる。

ドレッシング

[材料] 作りやすい分量
白ワインビネガー … 80ml
シードルビネガー … 10ml
塩 … 4g
粒マスタード … 6g

[作り方]
ボウルにすべての材料を入れ、泡立て器で混ぜ合わせる。

スープ・ペイザンヌ

農家のスープは、旬の野菜を鍋にたくさん放り込むのが美味しいコツ。

[材料] 3〜4人分
玉ねぎ … 150g
にんじん … 100g
セロリ … 80g
長ねぎ … 80g
キャベツ … 100g
タイム … 1枝
ローリエ … 1枚
にんにく … 1/2かけ
ブイヨン（作り方は p.33）… 500ml
塩 … 適量
グレープシード油 … 15g
イタリアンパセリ … 適量

[作り方]
1 玉ねぎ、にんじん、セロリは1.5cm角に切る。長ねぎは斜め薄切り、キャベツは2cm四方に切る。
2 鍋にグレープシード油とにんにくを入れて弱火にかけ、香りが出たら玉ねぎを入れる。
3 中火で炒めながら塩少々をふり、しんなりしたらにんじんを加える。
4 全体に油が回ったら、残りのすべての野菜を加え、塩少々をふってさらに炒める。
5 ブイヨンを加え、タイム、ローリエを入れる。沸騰したらアクを取り、蓋をして野菜が柔らかくなるまで弱火で煮る。
6 タイムとローリエを取り除いて煮汁ごとミキサーに移し、なめらかになるまで攪拌する。塩で味を調える。水、またはブイヨンを足して、好みの濃度に調整してもよい。
7 器に6を盛り、粗みじん切りにしたイタリアンパセリを飾る。

ミキサーにかけ、いろんな野菜の旨みをギュッとまとめたポタージュタイプのペイザンヌ。

― Chef's talk ―

ベシャメルソースは、加えた牛乳をしっかり沸騰させてから次を加えること。これでダマができず、最後に加えた牛乳も素早く再沸騰するので、調理時間も短縮できます。スープには、旬を迎えた新鮮な野菜を使ってください。

キャロットラペ

[材料] 4人分
にんじん … 1本（150g）
ビネグレット（作りやすい分量）
　白ワインビネガー … 200ml
　赤ワインビネガー … 50ml
　シェリー … 20ml
　バルサミコ酢 … 20ml
　塩 … 7g
　はちみつ … 2.5g
　粗びき黒こしょう … 少々

[作り方]
1 にんじんはせん切りにし、塩少々（分量外）をふってしばらくおき、出てきた水気をしっかり絞る。
2 ボウルにビネグレットの材料をすべて入れ、泡立て器で混ぜ合わせる。
3 1のにんじんを適量のビネグレットで和える。

ごぼうの粒マスタードマヨネーズ和え

[材料] 4人分
ごぼう … 1本（150g）
粒マスタードマヨネーズ（作りやすい分量）
　自家製マヨネーズ（作り方は p.33）… 50g
　粒マスタード … 15g
　はちみつ、塩 … 各2g

[作り方]
1 ごぼうをせん切りにし、水にさらす。
2 1をたっぷりの湯で2分ほどゆでる。少しかたさが残るくらいで火を止め、ざるに上げて水気をきる。
3 粒マスタードマヨネーズの材料を混ぜ合わせる。
4 2のごぼうを適量の3で和える。

エッグベネディクト 2種

カリッと焼けたパンに半熟卵と濃厚ソース。
目にも舌にも美味しい至福のメニュー。

[材料] 2人分
イングリッシュマフィン … 1個
ポーチドエッグ（作り方は下記）… 2個
ロブスター … 1/2尾
スモークサーモン … 5枚
ベビーリーフ … 2枚
ディル … 3枝
サワーマヨネーズ（作り方はp.33）… 適量
オランデーズソース（作り方は下記）… 60g
塩、レモン汁 … 各適量
好みの葉野菜 … 適量

[作り方]
1. 鍋に湯を沸かして塩、レモン汁を入れ、ロブスターを殻ごと入れて5分ほどゆでる。氷水にとって冷まし、殻をむいてキッチンペーパーで水気を拭き取る。
2. ポーチドエッグとオランデーズソースをそれぞれ作る。
3. イングリッシュマフィンを横半分にカットする。オーブントースターで焼き、断面にサワーマヨネーズを塗る。
4. 3の片方にロブスター、ベビーリーフ、ポーチドエッグをのせる。残りの3にスモークサーモン、ディル、ポーチドエッグをのせる。
5. 4を器に盛ってオランデーズソースをかけ、葉野菜を添える。

ポーチドエッグ

[作り方]
1. 沸騰した湯に適量の酢を少々入れ、鍋全体をレードルで時計回りにかき混ぜて流水の円を作り、中心に渦を作る。表面がフツフツと沸くくらいの中火にする。
2. 卵を1個ずつ器に割り入れ、1の中心の渦にそっと入れる。そのまま10秒待ってから、白身を黄身にまとわせるようにして、丸く成形する。そのまま2分ゆでて火を入れる。
3. 白身がかたまり、弾力が出てきたら氷水にとる。冷めたらキッチンペーパーで水気をしっかり取る。

1 沸騰した湯にたんぱく質の凝固作用を高める酢を加え、グルグル混ぜて渦を作る。酢の分量は湯1ℓに対し、酢50mlが目安。2 卵は1個ずつ器から湯に入れることで、散らずに形よくかたまる。3 渦の中心に卵を静かに落とすと白身が自然と集まってくるので、菜箸で寄せて丸く成形する。4 白身に弾力が出たら氷水にとって冷まし、水分をきる。割れやすいので扱いはやさしく。

オランデーズソース

[材料] 2人分
卵黄 … 2個
バター（食塩不使用）… 50g
レモン汁 … 小さじ1
塩、粗びき黒こしょう … 各少々

[作り方]
1. ボウルにバターを入れ、湯せんにかけて溶かす。
2. 別のボウルに卵黄を入れ、湯せんにかけながら泡立てる。卵黄がかたまってきたら湯せんからはずし、白っぽくもったりとするまで混ぜる。
3. 2に1を5～6回に分けて加え、そのつどなじむまでよく混ぜる。
4. レモン汁、塩、黒こしょうで味を調える。

— Chef's talk —

エッグベネディクトはポーチドエッグの火入れと美味しいオランデーズソースがポイント。トロリと流れるポーチドエッグは鮮度のよい卵が肝。ソースは泡立て器を手早く動かし、熱は湯せんでゆっくり入れることで、なめらかでクリーミーに仕上がります。

ハンバーガー

表面はクリスピー、噛みしめると弾力のある食感と脂の旨味、
濃厚な香りが広がる肉感たっぷりのパテに幸福感max!

[材料] 1人分
バンズ * … 1個
パテ（3枚分）
　牛ひき肉 … 180g
　牛脂（みじん切り）… 120g
　塩 … 3g
　粗びき白こしょう … 0.5g
玉ねぎ
　（5mm厚さの輪切り）… 1枚
サニーレタス … 1/2枚
サワーマヨネーズ … 適量
トマトケチャップ … 5g
ヨーグルトソース … 5g
　（各、作り方はp.33）
グレープシード油 … 適量
付け合わせ
　好みの葉野菜 … 適量
　フレンチドレッシング（作り方はp.95）
　　… 適量
　フライドポテト（作り方は下記）
　　… 適量
　トマトケチャップ … 適量
＊ p.93参照

粗びきの牛肉とその2/3量に当たる牛脂、塩は天然塩、こしょうはひきたてで。

パテから脂が出るので、フライパンに油をひく必要はない。

ひき肉が牛脂でコーティングされ、粘りが出てねっとりとするまでこねる。

じわじわとしみ出てくる脂は、ある程度溜まった段階で捨てる。

[作り方]
1　パテを作る。ボウルに材料を入れて、粘りが出るまでよく混ぜる。
2　オーブンシートの上に直径12.5cmのセルクルをのせる。1の1/3量（100g）を入れ、8mmくらいの厚さにのばす。
3　バンズは横半分にカットして断面をオーブントースターでしっかりと焼き、サワーマヨネーズをまんべんなく塗る。
4　フライパンを熱し、油をひかずにパテを焼く。途中で出てくる脂を捨てながら、焼き色がつくまで両面をこんがりと焼く。
5　フライパンにグレープシード油を熱し、玉ねぎの両面を焼く。
6　3にサニーレタスをのせ、5、トマトケチャップ、4、ヨーグルトソースの順に重ねる。
7　器に盛り、フライドポテトとトマトケチャップを添え、葉野菜を添えてフレンチドレッシングをかける。

フライパンに移しやすいように、オーブンシートの上でセルクルに詰める。

流れ出た旨味たっぷりの脂で、表面が揚げ焼き状態でカリカリになる。

― Chef's talk ―

パテはよくこねるというよりは、牛の脂でひき肉をコーティング。「俺、愛情に包まれてるな」とひき肉が思うくらいこねてみよう。フライパンで焼くときは、流れ出た牛脂は思いきって捨てよう。

フライドポテト

[材料] 1人分
じゃがいも … 1個（150g）
塩、揚げ油 … 各適量

[作り方]
1　じゃがいもは皮付きのまま10等分のくし形切りにする。
2　180℃に熱した油で4分揚げる。取り出して油をきり、塩をふる。

シーザーサラダ

パンを大きめにカットしてカリカリに焼いたクルトンが美味しさの決め手。

[材料] 2人分
ロメインレタス … 2枚
クルトン … 6個
ドレッシング（作り方は下記）… 適量
グラナパダーノチーズ（すりおろす）… 適量

[作り方]
1. ロメインレタスは水に浸けてパリッとさせ、水気をしっかりきる。
2. ボウルに1とクルトンを入れてドレッシングを加え、葉にドレッシングが絡むように混ぜ合わせる。
3. 器に葉を盛ってクルトンをのせ、グラナパダーノチーズをふる。

a ロメインレタス b 365日×食ぱん c グラナパダーノチーズ d アンチョビ e おろしにんにく f レモン汁 g 自家製マヨネーズ h エキストラヴァージンオリーブ油

クルトン

[材料] 作りやすい分量
365日×食ぱん*… 1本
* p.92参照。

[作り方]
1. 食ぱんは耳の部分を切り落とし、2.8cm角に切り分ける。
2. 150℃に予熱したオーブンに1を入れ、カリカリになるまで30分ほど焼く。

ブレッドナイフで外側の焼き色がついた耳部分を薄く切り落とし、白い部分を2.8cm角に切り分ける。

ドレッシング

[材料] 作りやすい分量
自家製マヨネーズ（作り方はp.33）… 50g
アンチョビ（みじん切り）… 2g
おろしにんにく … 1g
レモン汁 … 25g
エキストラヴァージンオリーブ油 … 20g

[作り方]
1. ボウルに自家製マヨネーズ、アンチョビ、おろしにんにく、レモン汁を合わせ、泡立て器でよく混ぜる。
2. 1にエキストラヴァージンオリーブ油を少しずつ加え、とろりとするまで混ぜる。

— Chef's talk —

このサラダの主役は大きなクルトン。このサイズが絶対おすすめ。外側はドレッシングが染み込んでちょっとふやけた口あたり、中はカシュッと食感が楽しい。あれ？クルトンってこんなに美味しいの！と驚くはず。

オニオングラタンスープ

手間と時間が美味しさを作る究極の一品。やけどに気をつけて、でき立てアツアツを。

[材料] 2人分
玉ねぎ … 5個
グレープシード油 … 15g
ブイヨン（作り方は p.33）… 500ml
塩、砂糖 … 各適量
365日×バゲット*（1cm厚さ）… 8枚
グリュイエールチーズ（粗く砕く）… 適量
イタリアンパセリ（みじん切り）… 少々
＊ p.94 参照。

[作り方]
1 玉ねぎは繊維に対して直角に、できるだけ薄くスライスする。
2 鍋にグレープシード油を入れて火にかけ、玉ねぎを炒める。しんなりとしてきたら塩少々をふり、飴色になるまで弱火で1時間程かけてじっくりと炒める。
3 ブイヨンを加えて全体を溶きのばし、塩、砂糖で味を調える。
4 耐熱性のスープカップに3を入れてバゲットを浸すように入れ、グリュイエールチーズをのせる。
5 240℃に予熱したオーブンに入れ、チーズに焦げ目がつくまで5分ほど焼く。
6 仕上げにイタリアンパセリを散らす。

薄くスライスした玉ねぎを、飴色になるまで根気よく炒める。鍋肌にできる焦げは旨味の元になるので、こそげ落としながら炒める。

スープが熱いうちに耐熱容器に移し、スライスしたバゲットを浮かべ、チーズをたっぷりのせる。こんがりと美味しそうな焦げ目がつくまで焼く。

Chef's talk

オニオングラタンスープの調理のコツは、玉ねぎを飴色になるまでじっくり炒めることと、美味しいバゲットを浸すこと。バゲットが隠し味です。炒めの作業はつきっきりじゃなくて大丈夫。もう一品作りながらでも余裕で仕上げられます。

フレンチトースト

表面はカリッ、中はふんわりしっとり。メープルシロップをたっぷりかけて召し上がれ。

[材料] 2人分
福岡×食ぱん＊ … 1/2本
アパレイユ（作りやすい分量）
　薄力粉 … 32g
　みなみの穂＊＊ … 25g
　グラニュー糖 … 75g
　溶き卵 … 10g
　卵黄 … 21g
　バニラビーンズ … 1/8本
　牛乳 … 225ml
　バター（食塩不使用） … 10g
　カルバドス＊＊＊ … 18g

グレープシード油、バター … 各適量
メープルシロップ … 適量
＊ p.94参照。
＊＊福岡産小麦100％で作られた強力粉。
＊＊＊フランス北部ノルマンディー地方で造られる、りんごを原料とする蒸留酒（アップルブランデー）。

[作り方]
1　アパレイユを作る。バニラビーンズを縦半分に割る。包丁の先でさやから粒をしごき出し、牛乳と混ぜる。
2　ふるった粉類とグラニュー糖をボウルに入れる。溶き卵と卵黄を溶きほぐして加え、ダマにならないよう泡立て器でしっかり混ぜる。
3　2に1を4回に分けて加え、泡立て器でそのつどよく混ぜる。
4　バターを適当な大きさに切り分けて小鍋に入れ、中火にかける。混ぜながら熱し、焦げる少し手前で火からおろして3に加え混ぜる。
5　4にカルバドスを加える。アパレイユの完成。
6　食ぱんを2cm厚さにスライスし、アパレイユに浸してひと晩おく。
7　フライパンにグレープシード油を入れて温め、6を入れて弱めの中火で焼く。両面にこんがりと焼き目がついたら、バターを入れて絡める。
8　器に盛り、メープルシロップをかける。

焼く際は、バターを使うと焦げやすいので、グレープシード油でこんがり焼いてから、仕上げにバターを加えて風味をつける。

Chef's talk

フレンチトーストはどんなパンでもOK。大事なのはアパレイユに浸ける時間。今回使ったパンは「365日」の食パンの中でも材料がシンプルなリーン系。気泡が大きく生地の目が粗く、染み込むまで時間がかかる。一方、ブリオッシュのような卵やバターなどを加えたリッチなパンは気泡が細かいので吸収が早い。使うパンがリーンかリッチかで浸け時間を調整しよう。

column 1

美味しいトーストの焼き方

表面はサックリ、中はふんわり。
理想のトーストを焼くためのベーシック・ガイド。

パンのこと

トーストして美味しいのは食パン。バゲットやカンパーニュなどのハード系は、基本的にトーストにはしません。食パンには山型食パンと角型食パンの2種類あり、型に入れて蓋をせずに焼く山食パンは、生地が上に伸びた分密度が薄く、トーストするとサクッとした軽い食感に仕上がります。一方、蓋をして焼く角食パンはきめが細かく、しっとりもちっとした食感が楽しめます。厚さはクラム（白い中身）をどれくらい食べたいか、で決めるといいでしょう。「365日」「15℃」のトーストは、3種の食パンをそれぞれ6等分にカットした厚さです。

道具のこと

たかがトースト。されどトースト。「焼く」というシンプルな調理だからこそ、使う道具によって味わいや焼き上がりの表情が変わってきます。直火ならではの、短時間で表面はパリッと香ばしく、中はふんわりと仕上がる焼き網。均一にきれいな焼き色がつき、耳までカリカリに焼けるフライパン。強い火力で一気に焼き上げる魚焼きグリル。そして、パン焼き専用に開発された調理家電トースター。最近では、庫内に蒸気を充満させて焼く新発想のトースターも登場しました。「365日」「15℃」のトーストはこのトースターで焼いています。

焼き方のコツ

美味しいトーストの決め手は生地に含まれる水分。その水分を逃さないために、とにかく短時間でギュッと焼くのがポイントです。どんな道具を使う場合でも、まずは予熱を。特にオーブントースターは、庫内が温まるまでに水分がどんどん蒸発し、焼き上がりがパサパサになってしまいます。やり過ぎ？というくらいに予熱しましょう。食パンには霧吹きで軽く霧を吹いて焼くと、ふっくらとします。焼き上がりは表面がパリッとすればOK。焦げ目がつくほどだと表層の水分が飛び過ぎてかたいトーストになってしまいます。タイミングを逃さず、美味しいトーストを楽しんでください。

ウィークデーの
パン朝食
breakfast with bread on weekdays

どんなに慌ただしくても、きちんと朝食は食べて出かけたい。
出勤支度で忙しいパートナーのために、
ササッと手際よく朝ごはんを用意しよう。

ハニートースト

はちみつの甘い香りで忙しい一日をほっこり幸せ気分でスタート。

[材料] 2人分
北海道×食ぱん＊（2cm厚さ）… 2枚
はちみつバター（作りやすい分量）
- バター（常温にもどす）… 100g
- きび糖 … 80g
- はちみつ … 20g
- コアントロー … 4g

＊p.94 参照。

[作り方]
1 はちみつバターを作る。ボウルにバターときび糖を入れ、ゴムべらでよくすり混ぜる。
2 はちみつ、コアントローの順に加え、そのつどよく混ぜる。
3 食ぱんの片面に2をまんべんなく塗る。
4 185℃に予熱したオーブンで10分焼き、パンの向きを変えて3分焼く。

室温において柔らかくしたバターにきび糖を加え、全体がなじむまでよくすり混ぜてから、はちみつとコアントローを加えて風味をつける。

チャイ

[材料] 4〜5杯分
紅茶葉（アッサム）… 8g
水 … 200〜300ml
しょうがの薄切り … 6枚
スパイス
- クローブ … 1粒
- カルダモン … 3粒
- シナモンスティック … 1本
- ナツメグ … 少々

牛乳 … 500〜600ml
砂糖 … 適宜

[作り方]
1 鍋に紅茶葉としょうがの薄切り、水を入れて火にかけ、沸騰したらナツメグ以外のスパイスを加えて、2〜3分煮出す。
2 牛乳を加え、好みで砂糖を入れる。再び沸騰したらナツメグを加え、茶こしでこしながら器に注ぐ。
　＊砂糖は入れなくてもよいが入れるとコクが出る。

食ぱんの片面にはちみつバターをたっぷり塗りつけ、185℃のオーブンで10分、パンの向きを上下入れ変えて3分。カリッとハードに焼き上げる。

― Chef's talk ―

パリッパリのキャラメルの食感とはちみつの香りが食欲を刺激するスイートなパン。バターと砂糖で完結しているノーマルレシピにはちみつを足すと、その香りが際立ってきます。

トマト&モッツァレラトースト

カプレーゼをキッシュ風オープンサンドにアレンジした、イタリアンな朝食。

[材料] 2人分
ソンプルサン＊… 1 個
アパレイユ
　溶き卵 … 60g
　牛乳 … 50g
　生クリーム … 50g
　塩 … 少々
　ナツメグ … 少々
ミニトマト（カラフルトマト）… 10 個
モッツァレラチーズ（1cm厚さのスライス）… 2 枚
タイムの葉 … 1 枝分
バジルの葉 … 1 枝分
＊ p.94 参照。100%の意のオリジナルのパンだが、代用するなら高加水パンなどを。

[作り方]
1　アパレイユの材料をすべて混ぜる。
2　ソンプルサンは横半分に切ってから2等分にし、アパレイユに浸してひと晩おく。
3　ミニトマトは半分に切り、オーブンの天板に断面を上にして並べる。160℃に予熱したオーブンで10分焼き、軽いドライトマトにする。
4　2に3、モッツァレラチーズをのせてタイムの葉を散らし、170℃に予熱したオーブンで6分焼く。
5　器に盛り、バジルの葉を飾る。

ソンプルサンにアパレイユを染み込ませると、食べたときの具とパンに一体感があり、キッシュのような味わいが楽しめる。

ミルキーなモッツァレラチーズと軽くローストして甘味を増したミニトマトの相性は抜群。

― Chef's talk ―

いろいろなミニトマトを、表面を乾かす程度に軽くロースト。セミドライにすると、香りや旨味が凝縮して濃厚な味わいになるから、ぜひ試してみて。

アボカドトースト

ニューヨークで食べた、ヨーグルトソースを塗った焼きとうもろこしをヒントに。

[材料] 2人分
セイグル30*（1.5mm厚さ）… 1枚
アボカド … 1/2個
水切りヨーグルト（作り方はp.33）… 50g
ココナッツファイン … 5g
ピマンドエスプレット** … 少々
ライム（くし形切り）… 1/10個分
* p.94参照。
** フランス・バスク地方の唐辛子。深い甘味にピリッとした辛味が効き、香ばしい。

[作り方]
1 アボカドは5mm厚さに切る。
2 セイグル30にアボカド、水切りヨーグルトを重ね、ココナッツファインを散らす。
3 予熱したオーブントースターに入れ、ココナッツファインに焼き色がつくまで焼く。
4 器に盛り、ピマンドエスプレットをふって、ライムを添える。

— Chef's talk —

ココナッツとアボカドのオープンサンド。味の決め手はピマンドエスプレットとライム。どちらも思いきってかけてみよう。

ハム&チーズサンド

シンプルな組み合わせには"絶対的正義"の美味しさがあるから、安心して作ってみよう。

[材料] 1人分
ソンプルサン * … 1個
自家製ハム（薄切り／作り方は p.95）… 4枚
グリュイエールチーズ … 2枚
A│クレームエペス ** … 10g
　│自家製マヨネーズ（作り方は p.33）… 7g
＊ p.94 参照。100%の意のオリジナルのパンだが、代用するなら高加水パンなどを。
＊＊ 乳酸発酵させたクリーム。同じ発酵クリームのサワークリームよりも軽く、酸味も穏やか。

[作り方]
1　ソンプルサンは横半分に切ってから、縦半分に切る。
2　Aの材料を混ぜ合わせる。
3　1の断面に2を塗り、ハムとグリュイエールチーズを挟む。

― Chef's talk ―

やっぱりシンプルなものって美しい。シンプルなものは素材がポイント。できるだけ上質な素材を選んで作って欲しい。そして、その味を記憶することも大切だと思う。クレームエペスは、サワークリームと生クリームを2：1で合わせ、泡立てたもので代用可能。

プレゼントにもおすすめ パンのとも

日々のパンの楽しみを広げてくれる"パンのとも"。ちょっとした手土産にもおすすめ。

コンフィチュール

いちごとパスティスの相性は素晴らしい。
煮えたいちごの香りがフレッシュないちごに
早変わりするから不思議だ。

[材料] 作りやすい分量
いちご … 300g
きび糖 … 90g
パスティス＊ … 2g
レモン汁 … 2g
＊スターアニス、フェンネル、リコリスなどのハーブで風味づけした、フランスのリキュール。

[作り方]
1 ボウルにいちごときび糖を入れてひと晩おく。
2 1をざるにあけて出てきた果汁と果実に分け、鍋にすべての果汁と果実の半分を入れて強火にかけ、アクを取ってとろりとするまで煮詰める。
3 残り半分の果実はミキサーで攪拌してなめらかにする。
4 2、3を合わせてよく混ぜ、パスティス、レモン汁を加える。

いちごのフレッシュ感を生かすために、果実の半分と果汁を煮たところに残り半分の果実をミキサーにかけて加える。

カスタードクリーム

カスタードクリームは強火じゃなくて
ゆっくり弱火で。そのゆっくりが美味しさのコツ。
小麦粉が糊化してきたら強火にするタイミング。

[材料] 作りやすい分量
卵黄 … 48g
きび糖 … 60g
牛乳 … 200ml
薄力粉（ふるう） … 20g

[作り方]
1 鍋に卵黄ときび糖を入れ、ゴムべらでよく混ぜる。牛乳を加えて溶きのばし、弱火にかける。
2 薄力粉を加え、ダマにならないように泡立て器で軽く混ぜながらゆっくり煮る。
3 とろみがついてきたら強火にし、絶えず混ぜながら、全体につやが出てなめらかなクリーム状になるまで煮る。
4 3を火から下ろし、鍋底を氷水に当てて粗熱を取り、冷やす。
　＊冷やすとかたくなるので、使う際はよく練り混ぜて柔らかくする。

弱火でゆっくり火を通し、濃度が出てきたら強火にして仕上げると、香りのよいなめらかなカスタードクリームになる。

明太子ペースト

無添加明太子にトマトペーストで
旨味の色味を足してみよう。
見た目も美味しさのうちだから。

[材料] 作りやすい分量
明太子 … 300g
バター（食塩不使用／常温に戻す） … 130g
トマトコンサントレ＊（トマトペースト） … 50g
水 … 50ml
塩 … 1g
チリパウダー … 適量
＊トマトを煮詰めたもの。濃縮トマトペースト。

[作り方]
1 明太子は包丁で薄皮を開き、ざるでこしながら身を取り出す。
2 ボウルにバターを入れてなめらかになるまで混ぜ、1、トマトコンサントレ、水を加えて混ぜ合わせる。
3 塩、チリパウダーで味を調える。

薄皮を切り開き、切り口側を下にしてざるにのせてゴムべらでしごくようにすると、明太子の身がきれいに取れる。

常温に戻した柔らかいバターを加え、ムラができないように練り混ぜる。仕上げにチリパウダーで辛味を調整する。

豚のリエット

フードプロセッサーではなく
ゴムべらでしっかり混ぜてみよう。
その方が、繊維が残って美味しいよ。

[材料] 作りやすい分量
豚肩肉（塊） … 500g
玉ねぎ（薄切り） … 100g
A | 塩 … 8g
　| 粗びき黒こしょう … 5g
タイム … 1枝
ローリエ … 1枚
塩、粗びき黒こしょう … 各適量
白ワイン、ラード … 各適量
グレープシード油 … 適量

ひと晩マリネして豚肉の臭みを抜き、芯まで塩味を染み込ませる。

[作り方]
1 豚肩肉は3cm角に切り、Aをまぶし、もみ込む。
2 1、玉ねぎ、タイム、ローリエを合わせ、ひと晩マリネする。
3 鍋にグレープシード油を中火で熱し、2の豚肉を焼く。表面に焼き色がついたら、玉ねぎを加えて炒める。
4 3に白ワインとラードを豚肉が隠れる位まで半分ずつ加える。沸騰したらアクを取り、蓋をして豚肉が柔らかくなるまで弱火で2〜3時間煮込む。途中、水分が減ったら水を少量足す。
5 4をざるに上げて豚肉と煮汁に分け、煮汁はこす。
6 豚肉をボウルに入れ、底を氷水に当てながら、フォークで繊維状になるまでしっかりほぐす。
7 4の煮汁を少しずつ加えながら混ぜ、具と一体化（乳化）させる。仕上げに塩、粗びき黒こしょうで味を調える。
＊保存はココットや瓶に詰め、表面をラードで覆って密閉し、冷蔵庫へ。1週間くらいで食べきる。

レシピの補足①

各ページに入りきらなかったレシピをまとめて紹介します。

ブイヨン

[材料] 作りやすい分量
鶏ガラ … 1羽分（約300g）
玉ねぎ … 2個
にんじん（1cm幅に切る）… 1/2本
セロリの葉 … 1本分
キャベツ … 30g
長ねぎの青い部分 … 1本
しょうが（皮付きの薄切り）… 1/2かけ
水 … 2.5ℓ
＊無農薬・減農薬の新鮮な野菜を使う。玉ねぎ以外の野菜はあればでよく、その時々の旬の野菜を選んで使う。皮やヘタ、種など野菜くずでもOK。

[作り方]
1 鶏ガラを掃除する。血や内臓があれば水でしっかりと洗い、キッチンペーパーで水気を拭き取る。230℃に予熱したオーブン（またはオーブントースター）で焼き色がつくまで焼く。
2 鍋に1と野菜類を入れて強火にかけ、沸騰したらアクを取る。アクが出てこなくなったら弱火にし、蓋をして2時間ほど煮る。
3 2をざるでこす。
＊保存は、冷蔵庫で5日、冷凍の場合は2週間ほどで使いきるとよい。

自家製マヨネーズ

[材料] 作りやすい分量
卵黄 … 5個分
塩 … 3.5g
マスタード … 10g
シェリービネガー … 30g
グレープシード油 … 400ml
粗びき黒こしょう … 適量

[作り方]
1 ボウルに卵黄、塩、マスタード、シェリービネガーを入れ、泡立て器でもったりするまでよく混ぜ合わせる。
2 グレープシード油を4～5回に分けて少しずつ加え、そのつどよく混ぜ合わせる。白っぽくクリーム状になったら、粗びき黒こしょうで味を調える。
＊清潔な容器で冷蔵保存し、2～3日で使いきる。

サワーマヨネーズ

[材料] 作りやすい分量
自家製マヨネーズ（作り方は左記）… 50g
サワークリーム … 5g

[作り方]
材料を混ぜ合わせる。

水切りヨーグルト

[材料] でき上がり量約250g
ヨーグルト（無糖）… 350g

[作り方]
ボウルにざるを重ね、さらし布またはキッチンペーパーを敷き、ヨーグルトをのせてひと晩おく。

ヨーグルトソース

[材料] でき上がり量約250g
水切りヨーグルト（作り方は上記）… 250g
にんにく（すりおろす）… 0.2g
塩 … 1.5g

[作り方]
水切りヨーグルトににんにく、塩を加えて混ぜる。
＊清潔な容器に入れて冷蔵保存し、1週間で使いきる。

トマトケチャップ

[材料] 作りやすい分量
トマト水煮（ホールトマト缶）… 500g
A ┌ しょうが（みじん切り）… 12g
  └ レモングラス（みじん切り）… 1/2本
  ┌ はちみつ … 40g
B │ シェリービネガー … 25ml
  │ 砂糖 … 8g
  └ 塩 … 6g

[作り方]
1 鍋にトマトをつぶしながら入れ、Aを加えて半量になるまで煮詰める。
2 ミキサーまたはブレンダーでなめらかになるまで撹拌する。Bを加える。
＊清潔な容器で冷蔵保存し、1週間で使いきる。

パンと卵
bread with egg

例えば、トーストとコーヒーの簡素な朝食に
目玉焼きが添えられるとかなり気分がアップする。
パンと卵が出会えば、美味しい世界はぐんぐん広がる。

たまごサンドイッチ

やさしい味わいの自家製マヨネーズと香菜を。
クリーミーな食感は家でしか食べられない。

[材料] 1人分
365日×食ぱん*（1.5cm厚さ）…2枚
たまごサラダ（作りやすい分量）
　ゆで卵…1個
　自家製マヨネーズ（作り方は p.33）…30g
　マスタード…4g
　塩、粗びき白こしょう…少々
　香菜の葉（みじん切り）…少々
＊ p.92 参照。

[作り方]

1. たまごサラダを作る。ゆで卵を黄身と白身に分け、白身は粗みじん切りにする。
2. ボウルに 1 と残りの材料を入れて混ぜ合わせる。
3. 食ぱんに 2 を適量挟み、耳を切り落として 4 等分に切る。

― Chef's talk ―
家で作るサンドイッチだからこそ楽しめる、マヨネーズ比率の高い、トロリと柔らかいフィリングです。香菜のワイルドな香りで、ゆで卵特有の臭いを抑えます。

ミートソースオムレツ

ミートソースをふんわり包んだオムレツは、チーズと生クリームが味のポイント。
旨味いっぱい、愛情いっぱい。

[材料] 1人分
卵液
　卵 … 3個
　生クリーム … 15g
　グラナパダーノチーズ（すりおろす） … 5g
　塩 … 1g
ミートソース（作り方は下記） … 60g
バター … 15g
トマトケチャップ（作り方は p.33） … 適量
福岡×食ぱん*（1cm厚さ） … 1枚
ベーコン … 1枚
好みの葉野菜 … 適量
＊ p.94 参照。

[作り方]
1 卵液を作る。ボウルに卵を割り入れ、しっかり溶きほぐす。残りの材料を加えて混ぜる。
2 フライパンを中火で熱してバターを溶かし、1を流し入れる。
3 半熟になったらミートソースをのせ、手前から巻いて木の葉形に焼く。
4 器に盛り、トマトケチャップをかける。トーストした食ぱんとソテーしたベーコン、葉野菜を添える。

― Chef's talk ―
オムレツは"強火で手早く"がポイント。卵液を流し入れたら、かき混ぜながら強火で手早く火を通すことで、ふんわり柔らかく仕上がります。ミートソースのポイントは赤ワイン。アルコール分だけじゃなく、水分もしっかり飛ばして旨味を凝縮させます。

1 卵は泡立てないようにしてよく溶きほぐす。2 卵液を一気に流し入れ、フライパンを揺すりながら、菜箸で「外側の焼けた部分を内側へ、焼けていない卵液を外側へ」を繰り返して半熟手前まで火を通す。3 全体が均一にトロトロの状態になったら、ミートソースを真ん中より少し奥にのせる。4 柄を少し持ち上げてフライパンを傾け、手前から卵を巻く。5 巻き終わったらフライパンを起こすようにして裏返し、とじ目部分を焼く。

ミートソース

[材料] 作りやすい分量
牛ひき肉 … 250g
A
　クローブ … 2粒
　クミンシード … 小さじ1/4
　赤唐辛子 … 1本
　にんにく … 1/2かけ
B
　玉ねぎ（みじん切り） … 50g
　にんじん（みじん切り） … 50g
　セロリ（みじん切り） … 50g
　しょうが（すりおろす） … 17g
塩 … 適量
赤ワイン … 60ml
トマト水煮
　（ホールトマト缶） … 400g
ブイヨン
　（作り方は p.33） … 50ml
水 … 50ml
ローズマリー … 1/2本
タイム … 1/2枝
ローリエ … 1/2枚
グレープシード油 … 適量

[作り方]
1 鍋にグレープシード油大さじ3とAを入れて弱火にかける。香りが出たらBを加えて炒め、塩をふって野菜がしんなりするまで炒める。
2 フライパンにグレープシード油少々を熱し、牛ひき肉を入れて焼き目がつくようにしっかり炒める。ざるに上げて油をきり、1に加える。
3 2に赤ワインを加え、アルコール分をしっかり飛ばし、汁気がなくなるまで強火で炒める。
4 残りの材料をすべて加える。沸騰したらアクを取り、弱火にして汁気がなくなるまで煮詰める。

ハムエッグ

朝食の卵の火加減、焼き加減は、それぞれのこだわりがいちばん出るから、焼き加減はお好みで。

[材料] 2人分
セイグル40*（1cm厚さ）…2枚
卵…2個
自家製ハム（薄切り／作り方はp.95）…2枚
粗びき黒こしょう…少々
グレープシード油…適量
＊ p.94参照。

[作り方]
1 フライパンにグレープシード油を入れて中火で熱し、ハムを入れて卵を割り入れる。
2 白身の縁がパリッと焼けてきたら、粗びき黒こしょうをふり、水20ml（分量外）を入れる。
3 蓋をして蒸し焼きにする。白身がかたまればOK。器に盛り、パンを添える。

フライパンにグレープシード油をひいて中火にかけ、なじませるように全体に回す。油がサーッと流れるくらいに温まったら、ハムを入れる。

ハムの上に卵を静かに割り入れる。卵はできるだけ低い位置から落とすと、白身が広がらず、きれいな形を保てる。

白身の蓋がパリパリしてきたらこしょうをふり、水20mlをフライパンの周囲から回し入れて蓋をする。卵に水をかけないように注意する。

白身に火が入り、黄身の表面が白っぽくなれば焼き上がり。

― Chef's talk ―

両面焼き、片面焼き、半熟、かた焼き……目玉焼きの好みは100人いれば100通り。相手の好みに合わせて目玉焼きが作れるようになるといいよね。ここでは蒸し焼きで、黄身には火が入っているけれど、割るとトロリと流れる目玉焼きを作ります。これをベースに、好みの焼き方を見つけよう。

スクランブルエッグ

外に行かないと贅沢できないわけじゃない。家だからこそできる贅沢もあるんだよ。

[材料] 1人分
卵 … 3個
黒トリュフ* … 15g
ブリオッシュ** … 1個
A ┃ 生クリーム … 15g
　┃ グラナパダーノチーズ（すりおろす）… 5g
　┃ 塩 … 1g
バター … 5g
マルドンの海水塩*** … 少々

＊世界3大珍味の一つで、「食卓のダイヤモンド」とも言われる高級食材。独特の香りをもち、卵との相性がよい。
＊＊ p.93 参照。
＊＊＊イングランドの東部エセックス地方で伝統の製法で作られている、英国王室御用達の海水塩。結晶がピラミッド形をしたさくさくとした食感とまろやかな塩気が特徴（p.66 参照）。

[作り方]
1　密閉容器に卵と黒トリュフを入れて常温で1～3日ほどおき、卵に黒トリュフの香りを移す。
2　ボウルに1の卵を割り入れ、しっかり溶きほぐす。Aを加えて混ぜる。
3　フライパンを弱火で熱してバターを溶かし、2を流し入れる。菜箸で外側から内側へ向かって大きく混ぜながら火を通す。中央が半熟状になってきたら火から下ろし、余熱でトロリとするまで火を通す。ゆるいようなら再度弱火にかけるとよい。
4　器に盛り、1の黒トリュフをスライサーで薄切りにして散らし、海水塩をふる。半分に切ってトーストしたブリオッシュを添える。

卵液の中央部分がトロリとしてきたら火から下ろし、余熱で火を通してふんわりとしたスクランブルエッグに仕上げる。

― Chef's talk ―

卵は黒トリュフと一緒に密閉容器で寝かせると、香りが移って美味しさ倍増。スクランブルエッグは、黒トリュフの芳醇な香りとしっとりサクッとした独特の食感を楽しむには最良の料理。黒トリュフはちょっと厚めにスライスしよう。

ハタケとゆで卵

訪ねた農園のおいしい野菜を育む畑への
オマージュから生まれた、「365日」の人気メニュー"ハタケ"

[材料] 1人分
ソンプルサン * … 1個
アパレイユ（作りやすい分量）
　溶き卵 … 240g
　牛乳 … 200g
　生クリーム … 200g
　塩、ナツメグ … 各少々
卵（常温に戻す）… 1個
サワークリーム … 10g
八丁みそ … 5g
タプナード ** … 3g
旬の葉野菜（カーボロネロ ***、長ねぎ、クレソン、せりなど）
　… 各適量

* p.94 参照。代用するなら高加水パンなどを。
** フランス南東部、プロヴァンス地方発祥のペースト。黒オリーブにアンチョビ、にんにく、ケイパーなどを加えてすりつぶし、オリーブ油を加えたもの。
*** イタリア中部、トスカーナ地方原産の黒キャベツ。葉は細長く、表面がちりめん状になっている。繊維が強く、深みのある味わいが特徴。

[作り方]
1　アパレイユの材料をすべて混ぜる。
2　ソンプルサンを横半分に切ってから縦半分にし、アパレイユに浸してひと晩おく。
3　半熟卵を作る。鍋に湯を沸かし、酢少々（分量外）と卵を入れる。5分ゆでたら氷水にとり、粗熱が取れたら殻をむく。
4　サワークリームに八丁みそ、タプナードを加え、混ぜきらないでマーブル状になるように軽く混ぜる。
5　2の断面に4を適量塗る。
6　旬の葉野菜はせん切りにする。
7　5の上に6をのせ、170℃に予熱したオーブンで6分焼く。
8　器に盛り、3の半熟卵を半分に切って添える。

Chef's talk

八丁みそとタプナードは、発酵、熟成から生まれる風味が似ている。似ているもの同士は相性抜群。その似たもの同士にサワークリームを加え、くるっとひと混ぜふた混ぜしてパンに塗る。混ざりきっていないので3つの味が味わえ、食べ進むうちに口の中で新しい味ができる、というわけ。卵は沸騰した湯に入れて5分ゆでれば、誰がやってもトロトロのゆで卵になります。

ふたりで食べる サンドイッチ
sandwich for you and me

青空の下、休日の午後、友人たちの笑顔……
サンドイッチは、いつも楽しい時間の中にある。
何より、作る時間も食べる時間も楽しいのがサンドイッチの魅力。

アメリカンクラブハウスサンドイッチ

第一印象が味の決め手。そのためには、
パンの耳のところにアイオリわさびソースをたっぷり塗ろう。

[材料] 2人分
セイグル30*（1cm厚さ）… 6枚
アイオリわさびソース
　アイオリソース
　　（作り方は p.95）… 20g
　わさび（すりおろす）… 2g
サニーレタス … 2枚
ローストビーフ（作り方は下記）… 4枚
トマト（薄切り）… 2枚
マルドンの海水塩
　（p.41、p.66 参照）… 適量
ハーブ風味のフライドポテト
　（作り方は下記）… 適量
＊ p.94 参照。

[作り方]
1　セイグル30を焼き、それぞれの片面にアイオリわさびソースをまんべんなく塗る。
2　1枚目のパンにサニーレタス、ローストビーフの順でのせ、海水塩少々をふる。
3　2枚目のパンを、ソースを塗った面を上にして重ね、トマト、ローストビーフの順でのせて海水塩少々をふる。
4　3枚目のパンを、ソースを塗った面を下にしてサンドする。
5　器に盛り、ハーブ風味のフライドポテトを添える。

ローストビーフ

[材料] 作りやすい分量
牛もも肉（塊）… 500g
キャトルエピス＊… 少々
塩、粗びき黒こしょう … 各適量
グレープシード油 … 適量

＊黒こしょう、ジンジャー、ナツメグ、クローブが入ったミックススパイス。クォーターエピスとも呼ばれる。

[作り方]
1　牛もも肉に塩、粗びき黒こしょうを強めにふり、手で全体にすり込む。
2　フライパンにグレープシード油を熱し、1を入れて表面全体にしっかりと焼き色をつける。
3　キャトルエピスを全体にふり、なじませる。
4　90℃に予熱したオーブンで2時間ほど焼く。芯温計があれば、肉の中心温度が57℃になればロゼの状態に焼き上がっている。なければ、金串を中心まで刺し、10秒位で引き抜いて唇に当て、温かければOK。
5　オーブンから取り出し、そのまま常温で半日〜ひと晩おいて肉を休ませてからスライスする。

— Chef's talk —

主役のローストビーフが引き立つように、パンはちょっと薄めにスライス。こんがりとトーストして、カリッとした食感と香ばしさをプラス。アクセントの効いたアイオリわさびソースで、全体をまとめます。塊肉には強めに塩、こしょうをし、もむようにすり込んでしっかり下味をつけよう。

ハーブ風味のフライドポテト

[材料] 2人分
じゃがいも … 2個（1個150g）
タイム、ローズマリー … 各1枝
塩 … 適量
揚げ油、グレープシード油 … 各適量

[作り方]
1　じゃがいもは皮付きのまま10等分のくし形切りにする。
2　180℃に熱した油で4分揚げ、取り出して油をきる。
3　フライパンにグレープシード油、タイム、ローズマリーを入れて熱し、2を加えてさっと炒めて香りを移し、塩で味を調える。

サンドイッチの基本

完璧なサンドイッチを作るために、押さえておきたい4つの基本。

パンと具材の組み合わせや調理法でバリエーションが広がるサンドイッチ。片手で食べられる手軽さと、調理法のシンプルさで、世界各地で親しまれ、愛されているパン料理です。

サンドイッチの基本構造は、パン＋具材＋パン。このシンプルさの中で、パンと具材どちらかが際立つのではなく、バランスよく調和したひとつの料理として成り立たせ、美味しさを導き出すポイントがあります。ここでは家庭のサンドイッチをブラッシュアップするための、パンのこと、具材のことなど知っておきたい4つのポイントを紹介します。

パンのこと

パンは具材を挟む直前にカットします。厚さは、具材との一体感を優先すると薄め（約1cm）がおすすめ。ただし、カツサンドのようなボリュームのある具材には、その存在感に負けないように、少し厚め（約1.5cm）のパンがよいでしょう。たまごサンドのような柔らかくやさしい味わいの具材は、耳を落とすことで最後まで一体感が楽しめます。トーストする場合は、両面、片面で食感や味のバランスが変わることを意識しましょう。

油脂類のこと

パンにバターを塗るのは、水分の浸透をブロックしてパンの質感を保つため。さらに重要なのはその持ち味。バターによって旨味が増幅し、パンと具材の美味しさが引き立ってきます。油膜と旨味、この役目を果たせるものであればバターに限る必要はなく、本書ではクレームエペス（発酵クリーム）やマヨネーズなどを多用しています。油脂類を塗る際は、味が強い耳の付近にたっぷり塗ると格段に美味しくなります。

具材のこと

作りたての美味しさを維持するには、具材の下準備が大事なポイントです。レタスなどの葉野菜は、水洗い後に水気をきってから、キッチンペーパーで1枚ずつ余分に水分を拭き取ります。トマトはキッチンペーパーで挟み、両面の水分を押さえます。カリカリに焼いたベーコンなどは、キッチンペーパーに並べて脂を取ります。揚げ物はしっかり油をきり、汁気のある具はざるに上げて汁気をきります。

重ね順のこと

食べたときの味のバランスや食べやすさは、具材を重ねる順番で大きく差が出ます。水分が多く、カットする際につぶれやすいトマトは蓋となるパンから離す、具材と具材の間にマヨネーズなどを挟んで接着剤にするなど、重ねる順番を意識することで仕上がりは変わってきます。また、サンドイッチはカットしたときの断面も美味しさのひとつなので、それをイメージして重ねていきましょう。

ビーフカツサンドイッチ

パンが残ったら捨ててない？　フードプロセッサーにかけて美味しいパン粉を作っておこう。

[材料] 2人分
福岡×食ぱん＊（1.5cm厚さ）… 4枚
牛肩ロース肉（ステーキ用）… 2枚
衣
　薄力粉 … 適量
　卵白（溶きほぐす）… 適量
　生パン粉 … 適量
塩、粗びき黒こしょう … 適量
キャベツ（せん切り）… 適量
サワーマヨネーズ（作り方は p.33）… 適量
練りがらし … 適量
ウスターソース … 適量
揚げ油 … 適量
＊ p.94 参照。

[作り方]
1　牛肩ロース肉は常温に戻し、塩、粗びき黒こしょうをふる。
2　薄力粉、卵白、生パン粉の順に衣を付け、180℃の油で揚げる。
3　食ぱんをこんがりとトーストし、それぞれの片面にサワーマヨネーズと練りがらしを塗る。
4　2のビーフカツを食べやすく切る。
5　1枚目のパンにキャベツ、4の順に重ね、ウスターソースをたっぷりかけて、2枚目のパンでサンドする。

自家製の生パン粉は風味がよく香ばしい。つなぎに卵白を使うと、衣がサクッサクに揚がる。

生パン粉を油の中にひとつまみ落とし、1cm程沈んですぐに浮き上がり、パッと散れば約180℃。

衣を付けた牛肉を油の中に静かに入れ、衣がこんがりときつね色になれば引き上げる。

揚げたカツは5分程おいて休ませてから、食べやすくスライスしてパンに挟む。

— Chef's talk —

美味しいパンで作ったパン粉は美味しい。そのパン粉で揚げたカツはもちろん美味しい。それを食べたら、パンはパン屋さんへ買いに行こうって思うから。今回はロース肉を揚げて、スライスしてサンドしたけれど、1枚で挟むなら、赤身のフィレで。

ティーサンドイッチ

公園でピクニックティーはいかが?
バスケットにアフタヌーンティーのセットを詰めて、さぁ出かけよう!!

[材料] 2人分
365日×食ぱん*(1cm厚さ)…6枚
自家製ハム(薄切り/作り方はp.95)…1枚
きゅうり(縦の薄切り)**…2枚
たまごサラダ(作りやすい分量)
| ゆで卵…1個
| 自家製マヨネーズ(作り方はp.33)…30g
| マスタード…4g
| 塩、粗びき白しょう…各少々
| 香菜の葉(みじん切り)…少々
サワーマヨネーズ(作り方はp.33)…適量
ピクルス…適宜
＊ p.92参照。
＊＊ きゅうりはパンの長さに合わせて切り、縦方向で2mm厚さの薄切りにする。

[作り方]
1 たまごサラダを作る。ゆで卵を黄身と白身に分け、白身は粗みじん切りにする。ボウルに黄身と白身、残りの材料を入れて混ぜ合わせる。
2 食ぱんの耳を切り落とし、それぞれの片面にサワーマヨネーズを塗る。
3 2を2枚1組にして、きゅうり、ハム、たまごサラダを挟み、半分にカットして器に盛る。好みでピクルスを添える。

— Chef's talk —

19世紀イギリスの上流階級の女性たちの間で広まったアフタヌーンティー。そこで食されていたのが、ティーサンドイッチ。指で摘んで食べることができるのがアフタヌーンティーフードの決まりごと。サンドイッチも、パンも具材も薄くスライスし、ひと口サイズにカットすることで上品な味わいになる。

フルーツサンドイッチ

生クリームはいつもより甘めにしよう。パンと合わせるときは、何でも少し濃いめがちょうどいい。

[材料] 2人分
365日×食ぱん＊（1.5cm厚さ）… 4枚
いちご … 4粒
キウイ … 1/4個
オレンジ（または好みの柑橘類）… 2房
生クリーム（乳脂肪分35％）… 100ml
きび糖 … 12g
ココナッツリキュール … 1g
粉砂糖 … 適量
＊ p.92参照。

[作り方]
1 いちごはヘタを取って縦に5〜6mm厚さの薄切りにし、キウイは皮をむいて5〜6mm厚さの輪切りにする。オレンジは房取りし、半分の厚さに切る。
2 ボウルに生クリームを入れて底を氷水に当て、きび糖とココナッツリキュールを加えて、泡立て器で角が立つくらいまで泡立てる（八分立て）。
3 食ぱんの耳を切り落とし、それぞれの片面に2を塗る。
4 3を2枚1組にし、1枚目のパンに1のフルーツを並べ、2枚目のパンでサンドする。
5 4を半分にカットして器に盛り、茶こしを使って粉砂糖を全体にふる。

オレンジは上下を少し切り落とし、白いワタと実の間に包丁を入れ、丸みに沿って皮をむき、薄皮と身の間に包丁を入れて身を取り出す。

いちごはヘタを取り、縦に5〜6mm厚さに切る。キウイは皮をむいて5〜6mm厚さの輪切りにする。

八分立ては、泡立て器ですくうと柔らかい角が立ち、その後角の先端がおじぎをするくらいのかたさ。

— Chef's talk —

日本ならではのデザート感覚のサンドイッチ。パンは味を吸収してしまうので、濃いめの味つけでバランスを取ります。シンプルな組み合わせだからこそ、果物、生クリームは上質なものにこだわろう。作りたてのフレッシュ感は、家で作るからこその美味しさ。

タルティーヌと
季節のスープ
tartine and seasonal soup

フランス式のっけパン、タルティーヌと野菜の旨味を生かしたスープのコンビネーション。
季節を味わう、ちょっとうれしいごちそうメニュー。

グリーンピースと
いかのタルティーヌ

いかは団子にすると食感が楽しい。
そして、レモンとグリーンピースの香りが
いかを美味しくするよ。

[材料] 2人分
365日×食ぱん*（1cm厚さ）… 2枚
いか（刺身用）… 40g
グリーンピース（ゆでたもの）… 40g
クレームエペス … 適量
グラナパダーノチーズ（すりおろす）… 20g
塩 … 少々
レモンの皮（せん切り）… 少々
* p.92 参照。

[作り方]
1 食ぱんにクレームエペスを塗り、グリーンピースを敷き詰める。
2 1にグラナパダーノをのせ、予熱したオーブントースターでチーズが溶けるまで焼く。
3 いかは粗みじんに切ってから軽くたたき、塩を加えて団子に成形する。
4 3にあれば料理用バーナーで焼き目をつけ、2にのせる。
5 器に盛り、レモンの皮を飾る。

グリーンピースはクレームエペスに軽く埋め込むように並べていくと、接着の役目もして食べやすくなる。

Chef's talk

クレームエペスは、サワークリームと生クリームを2：1で合わせ、軽く泡立てたもので代用可能。いかとグリーンピースは意外な組み合わせに思われるかもしれないが、いかのねっとりとした甘味を、グリーンピースの独特な青臭みが引き立ててくれる。

春

ミネストローネ

季節の野菜とオリーブ油をたっぷり使う
ミネストローネは、豊かさを味わうスープ。

[材料] 2～3人分
玉ねぎ … 150g
にんじん … 100g
セロリ … 80g
ズッキーニ … 40g
じゃがいも … 100g
トマト … 1個
トマト水煮（ホールトマト缶）… 150g
ブイヨン（作り方は p.33）… 400ml
タイム、ローズマリー … 各1枝
ローリエ … 1枚
グレープシード油 … 適量

[作り方]
1 玉ねぎ、にんじん、セロリ、ズッキーニ、じゃがいもは 1.5cm角に切り、トマトは 2cm角に切る。
2 トマト水煮はかたい部分を取り除き、ブイヨン半量と一緒にミキサーにかける。
3 鍋にグレープシード油を熱して玉ねぎを炒め、途中で塩少々（分量外）を加えてさらに炒める。しんなりしてきたら、残りの野菜を加える。
4 全体に油が回ったら、2、ブイヨンの残り半量、ハーブ類を加える。沸騰したらアクを取り、蓋をして弱火で野菜が柔らかくなるまで煮込む。

野菜は旨味が出やすいように、小さめにカットする。季節によって野菜を替え、時々の季節の味を楽しむとよい。

いわしとドライトマトのタルティーヌ

脂ののったいわしを使ったタルティーヌ。
玉ねぎ、レモン、ディルで爽やかに

[材料] 2人分
365日×バゲット*（1cm厚さ）…2枚
いわし…2尾
タプナード…適量
玉ねぎ（薄切り）…1/6個分
ミニトマト…6個
グラナパダーノチーズ（すりおろす）…適量
マルドンの海水塩（p.41、p.66参照）…少々
A［ディル…適量
　 レモン（輪切り）…1/8切れ
　 ピンクペッパー…適量
＊p.92参照。

[作り方]
1 いわしは腹開きにして骨を取り除き、海水塩をふる。160℃に予熱したオーブン、またはオーブントースターで皮を上にして5分焼き、裏返して2分焼く。
2 ミニトマトはヘタを取って横半分に切り、160℃に予熱したオーブンで10分焼く。
3 玉ねぎは水にさらし、キッチンペーパーで水気を拭き取る。
4 バゲットの片面にタプナードを塗り、3、1、2を順にのせ、グラナパダーノチーズをふる。
5 230℃に予熱したオーブン、またはオーブントースターで焼き色がつくまで焼く。器に盛り、Aを飾る。

いわしは購入した鮮魚店またはスーパーで、腹開きにして骨を取り除くところまでの下処理をしてもらうとよい。

夏

冷製枝豆スープ

ミントとレモンの香りで軽やかに。
食欲が落ちる夏でも美味しくたっぷり食べられる。

[材料] 2人分
枝豆（さやから出す）…150g
玉ねぎ…75g
ブイヨン（作り方はp.33）…400ml
ミントの葉…5枚
レモンの皮（すりおろす）…適量
塩…適量

[作り方]
1 枝豆は具用に大さじ2ほど取り分ける。玉ねぎは薄切りにする。
2 鍋に具用以外の枝豆、玉ねぎ、ブイヨンを入れて中火にかけ、野菜が柔らかくなるまで煮る。
3 粗熱を取ってミキサーにかける、なめらかになったら塩で味を調え、ミントを加えてさらに撹拌する。ボウルなどに移し、冷蔵庫で冷やす。
　＊濃度を確認して、濃ければブイヨンまたは水（ともに分量外）で調整する。
4 1で取り分けた枝豆をゆでて薄皮を取り除く。
5 3に4を混ぜ合わせて器に盛り、レモンの皮をのせる。

― Chef's talk ―

玉ねぎ、レモン、ディルで青魚特有の生臭みを抑え、爽やかに食べやすくする。セミドライトマトの凝縮された甘味が、味わいに深みを加えます。枝豆のスープは、ミントが豆独特の青い香りを和らげてくれる。

なすのタルティーヌ

火を通してトロンとしたなすの甘味を
ビネガーできりっと締めます。
生ハムの慣れた塩気が好相性。

[材料] 2人分
北海道×食ぱん*（1cm厚さ）… 2枚
なすのピュレ
　なす … 2本
　塩 … 適量
　白ワインビネガー … 20ml
　チリパウダー … 少々
なす（1mm厚さの輪切り）** … 12枚
生ハム … 2枚
グラナパダーノチーズ（すりおろす）… 適量
タイムの葉、クミンシード … 各少々
揚げ油 … 適量
＊ p.94 参照。
＊＊なすはスライサーを使って極薄い輪切りにする。

[作り方]
1 なすのピュレを作る。なすは縦半分に切り、断面に切り目を入れて、180℃の油で素揚げする。熱いうちに塩をふり、粗熱を取る。
2 1の果肉をスプーンでこそげ取る。小鍋に入れ、白ワインビネガー、チリパウダーを加えて弱火にかけ、木べらで混ぜてピュレ状にする。
3 薄い輪切りにしたなすは水にさらしてアクを抜き、キッチンペーパーで水気をしっかり拭き取る。
4 食ぱんの片面に2を塗り、3をのせてグラナパダーノチーズをふる。230℃に予熱したオーブン、またはオーブントースターでこんがりと焼く。
5 器に盛って生ハムをのせ、タイムの葉、クミンシードを散らす。

油を吸収しやすいなすは、高温でさっと素揚げにすると油切れがよく、旨味も凝縮しておいしくなる。

Chef's talk

ピュレに加えるビネガーは、火にかけている間にツンとした酸味を飛ばします。スープには、かぼちゃの皮部分に感じる苦味と同質の苦味をもつ紅茶を加え、かぼちゃそのままの味わいを引き出します。

秋

かぼちゃのスープ

生クリームではなく濃いめに淹れた紅茶を使うと、
かぼちゃの味が生きてくる。

[材料] 2～3人分
かぼちゃ … 250g
玉ねぎ（薄切り）
　… 100g
紅茶
　アールグレイの茶葉
　　… 12g
　水 … 300ml
ブイヨン
　（作り方は p.33）
　… 200ml
水 … 100ml
ローリエ … 1枚
塩 … 適量

[作り方]
1 かぼちゃは種とワタを取り除く。2cmの角切りを8個切り出し、残りはひと口大に切ってところどころ皮をむく。
2 1を180℃に予熱したオーブンで45分焼く。
3 紅茶を作る。鍋で分量の水を沸かし、火を止めて茶葉を入れ、蓋をして5分おいてこす。
4 別の鍋にひと口大のかぼちゃ、玉ねぎ、ブイヨン、水、ローリエを入れて中火にかけ、沸騰したら弱火にして玉ねぎが透き通るまで煮る。
5 粗熱を取り、ローリエを除いてミキサーに移し、なめらかになるまで撹拌する。
6 鍋に戻し入れて弱火にかけ、3を少しずつ加えながらのばす。2cm角のかぼちゃを入れ、塩で味を調える。

アールグレイを加えたスープをひと口含むと、かぼちゃの甘味とともに、ベルガモットと柑橘系の爽やかな香りが広がる。

ごぼうと
ローストビーフの
タルティーヌ

家で作るんだからお肉たっぷり贅沢に。
このボリュームが美味しくなるポイントだ。

[材料] 2人分
365日×バゲット＊（1cm厚さ）… 2枚
ごぼうきんぴら
| ごぼう … 100g
| バルサミコ酢 … 15ml
| しょうゆ、水 … 各10ml
| グレープシード油 … 適量
ローストビーフ（作り方はp.46）… 2枚
クレソンの葉 … 6本分
にんにく（皮付きのまま揚げる）… 2かけ
マルドンの海水塩（p.41、p.66参照）… 適量
粗びき黒こしょう … 適量
粒マスタード … 適量
＊p.94参照。

[作り方]
1 ごぼうきんぴらを作る。ごぼうはよく洗い、包丁の背で皮をこそげ取ってからささがきにし、水にさらす。ざるに上げて水気をしっかり絞る。
2 小鍋にバルサミコ酢を入れて弱火にかけ、トロッとするまで煮詰める。
3 フライパンにグレープシード油を中火で熱し、1を炒める。火が通ったら2に入れ、しょうゆ、水を加えて煮絡める。
4 ローストビーフでごぼうきんぴらを巻く。
5 バゲットをオーブントースターで焼き、クレソンの葉、4の順にのせる。
6 器に盛って海水塩、粗びき黒こしょうをのせ、揚げたにんにく、粒マスタードを添える。

煮詰めたバルサミコ酢に炒めたごぼうを加えて絡める。水で濃度を調整し、しょうゆで味に深みを加える。

冬

レンズ豆のスープ

豆と野菜の具だくさんスープ。素材の持ち味を楽しむ
シンプルなスープには、自家製ブイヨンが欠かせない。

[材料] 2〜3人分
レンズ豆 … 80g
玉ねぎ（みじん切り）… 150g
にんじん（みじん切り）… 100g
セロリ（みじん切り）… 80g
ブイヨン（作り方はp.33）… 600ml
A | タイム … 1枝
  | ローズマリー … 1枝
  | ローリエ … 1枚
塩 … 適量
グレープシード油 … 10g
ディル … 少々

[作り方]
1 レンズ豆はさっと洗ってざるに上げ、水気をきる。
2 鍋にグレープシード油を中火で熱して玉ねぎを入れ、塩少々をふって炒める。
3 透明感が出てしんなりしたら、にんじん、セロリを加え、塩少々をふってさらに炒める。
4 全体がなじんだら、1、ブイヨン、Aを入れる。沸騰したらアクを取り、蓋をしてレンズ豆が柔らかくなるまで弱火で煮る。
5 器に盛り、ディルを散らす。

— Chef's talk —

煮詰めたバルサミコ酢で炒める洋風きんぴら。通常ならバルサミコ酢だけで十分だけど、パンとローストビーフとのバランスを考えて、しょうゆを加えて味の印象を強くした。戻す必要がなく、火の通りが早いレンズ豆は、手軽に使える便利な豆だ。

[季節のスープ]

春

和風ミネストローネ

山菜の僅かな苦味が香り立つスープ。

[材料] 2人分
長ねぎ（斜め薄切り）… 1本
れんこん（薄い輪切り）… 1/2節
山菜（こごみ、山うどなど好みのもの）… 適量
梅肉 … 20g
ブイヨン（作り方は p.33）… 400ml
青じそ（せん切り）… 1枚
塩 … 適量
グレープシード油 … 適量

[作り方]
1 鍋にグレープシード油を中火で熱し、長ねぎを炒める。火が通ったられんこん、ブイヨン、塩少々を加える。沸騰したらアクを取り、れんこんが柔らかくなるまで弱火で煮る。
2 山菜は下処理をする。沸騰した湯に塩少々を入れて軽くゆでる。
　＊こごみは茶色いうぶ毛があれば取り除き、器に入る長さに切る。山うどは3cm長さに切って皮を厚めにむき、縦に薄切りにする。
3 1に梅肉を溶き入れ、2を加えて温める。
4 器に盛り、青じそを散らす。

夏

冷製コーンスープ

生クリームを使わないのが贅沢ポイント。

[材料] 2人分
とうもろこし … 1本
玉ねぎ（薄切り）… 75g
ブイヨン（作り方は p.33）… 400ml
イタリアンパセリ（みじん切り）… 少々
塩 … 適量

[作り方]
1 とうもろこしは軽く洗って水をつけたままラップで包み、電子レンジで3分加熱する。
2 1の実をはずし、具用に少量取り置き、残りの実と玉ねぎ、ブイヨンを鍋に入れて中火にかける。沸騰したら弱火にし、30分ほど煮る。
3 粗熱が取れたら煮汁ごとミキサーにかける。なめらかになったら塩で味を調え、冷蔵庫で冷やす。
4 器に盛り、取り置いたとうもろこしを加えてイタリアンパセリをあしらう。

秋

栗のスープ

ウーロン茶が栗の風味を引き立たせる。

[材料] 2〜3人分
栗(鬼皮、渋皮をむいたもの) … 250g
玉ねぎ(薄切り) … 100g
ブイヨン(作り方はp.33) … 300ml
水 … 100ml
ウーロン茶
　| ウーロン茶の茶葉 … 12g
　| 水 … 300ml
くるみ(ローストする) … 6g
塩 … 適量

[作り方]
1 栗はゆでて(あるいは蒸す)、鬼皮、渋皮をむく。
2 1を具用に2個取り置き、残りの栗と玉ねぎ、ブイヨン、水を鍋に入れて中火にかける。沸騰したら弱火にし、玉ねぎが柔らかくなるまで30分ほど煮る。
3 ウーロン茶を作る。鍋で分量の水を沸かし、火を止めて茶葉を入れ、蓋をして5分おいてこす。
4 2の粗熱を取ってミキサーに移し、なめらかになるまで攪拌する。
5 鍋に戻し入れて弱火にかけ、3を少しずつ加えながらのばす。取り置いた栗を縦2つに切って入れ、塩で味を調える。器に盛り、くるみを大きめに砕いてあしらう。

冬

豆のスープ

スパイスとハーブでオリエンタルテイストに。

[材料] 2〜3人分
ひよこ豆 … 150g
　| にんにく(みじん切り) … 1/2かけ
A | しょうが(みじん切り) … 10g
　| シナモンスティック … 1/3本
玉ねぎ(みじん切り) … 150g
にんじん(みじん切り) … 100g
セロリ(みじん切り) … 80g
トマト(ざく切り) … 1個
トマト水煮(ホールトマト缶。
　つぶしてかたい部分を除く) … 150g
ブイヨン(作り方はp.33) … 500ml
　| クミンシード、チリパウダー、クミンパウダー
B |　… 各小さじ1/2
　| コリアンダーパウダー … 小さじ1
グレープシード油 … 15ml
塩 … 適量
付け合わせ
　| ハーブ類(バジル、香菜など)、エディブルフラワー、
　| ライム(くし形切り)、粗びき黒こしょう … 各適量

[作り方]
1 ひよこ豆は水に浸けてひと晩おく。ざるに上げ、たっぷりの熱湯でゆでる。沸騰したらアクを取り、指でつぶれるくらいの柔らかさになるまで煮る。
2 鍋にグレープシード油とAを入れて弱火にかけ、香りが出てきたら玉ねぎを加えて炒める。
3 玉ねぎがしんなりしたら、にんじん、セロリを加えて炒め、トマト、トマト水煮、ブイヨンを加える。
4 沸騰したらアクを取り、1、Bを加える。野菜が柔らかくなるまで弱火で煮て、塩で味を調える。
5 器に盛り、受け皿に付け合わせを添える。スープに好みのものを加えて食べる。

column ④

365日の Good Things

日々の「食」を楽しく豊かにしてくれる、国内外からセレクトしたこだわりアイテム。

a〈中村農園〉米みそ／1,667円　b〈マルドン〉イギリス産海水塩／667円　c〈うね乃〉だし屋のしろだし／1,320円　d〈ミレユンヌ・ユイル〉早摘みオリーブのエキストラヴァージンオリーブオイル／1,800円　e〈食通〉あんちょびーの 丸ごといわしの醤油／1,500円　f〈365日×農家〉ピーナッツペースト／1,000円　g〈ミレユンヌ・ユイル〉シトロンコンフィ（塩漬けレモン、ジンジャーのピュレ）／2,300円　h〈ボルディエ〉有塩バター（写真上）／1,343円、海藻バター（写真下）／1,389円

a〈HARIO〉手動コーヒーミル／3,000円　b〈KōNO〉ドリッパーセット（2人用）／4,102円　c・d〈ジャン・デュボ〉「ライヨール」デザートフォーク／1,000円、バターナイフ／1,400円　e〈ダスホルツ〉カッティングボード（W310×H15×D150mm）／3,500円　f〈貝印〉ブレッドナイフ「pas mal WAVECUT」／6,000円　g〈ペルスヴァル〉「ル・フランセ9.47」テーブルナイフ／9,000円　h〈レコノム〉ペティナイフ／1,200円

とっておきの
おもてなしレシピ
special menu for a party

気のおけない仲間が集まるホームパーティ。
美味しくて楽しくて、皆が盛り上がる「間違いなし！」の料理でゲストを迎えよう。

真鯛のカルパッチョ

甘くぽってりとした白みそと米酢で作るソースはやさしい味わい。
お皿ごとよく冷やしておくのがポイント。

[材料] 4人分
真鯛（刺身用）… 1さく（250g）
ソース
　白みそ … 100g
　ミントの葉 … 1/4パック分
　米酢 … 50ml
　エキストラヴァージンオリーブ油 … 20ml
ピンクペッパー、ディル、エディブルフラワー、
　アイスプラント … 各適量

[作り方]
1　真鯛は薄くスライスし、皿に並べる。
2　ソースを作る。ミントの葉を細かいみじん切りにし、米酢と混ぜ合わせる。
3　2に白みそを加えて混ぜ、オリーブ油を少量ずつ加えながら溶きのばす。
4　1に3のソースを塗るようにかけ、ピンクペッパー、ディル、エディブルフラワーを彩りよく散らし、アイスプラントを添える。

— Chef's talk —

旨味たっぷりの食材を揃えたブレゼは、失敗しようがなくて、美味しくならないはずがない!! パーティメニューにはぴったりのひと皿だ。火の通し方は好みだが、金目鯛など脂ののった白身魚は、火をしっかり入れても抜群に美味しい。

魚介類と春野菜のブレゼ

あさりや野菜の旨味たっぷり。手軽にフライパンでできて、
彩りも鮮やかなうれしいひと皿。

[材料] 4人分
白身魚（金目鯛、きちじ、
　かさごなど）… 1尾（800g）
あさり … 80g
芽キャベツ … 5個
スナップえんどう … 5個
ミニトマト … 5個
白ワイン … 100ml
レモン（薄い輪切り）… 5枚
レモンバーム … 3本

タイム … 2枝
にんにく（つぶす）… 1かけ
塩、粗びき白こしょう … 各適量
グレープシード油 … 適量
ソンプルサン＊ … 適量
＊ p.94参照。代用するなら高加水パンなどを。

[作り方]
1　白身魚はうろこと内臓を取って洗い、水気をよく拭き取る。包丁で身の厚い部分に切り目を入れ、塩、粗びき白こしょうをふる。
2　あさりは砂抜きをする。
3　芽キャベツは縦半分に切り、スナップえんどうはヘタと筋を取り、ミニトマトもヘタを取る。
4　白身魚が入る大きさのフライパンを用意する。グレープシード油、にんにくを入れて中火にかけ、香りが立ったら1を入れて両面にしっかりと焼き目をつける。
5　芽キャベツ、タイムを加える。芽キャベツにもしっかりと焼き目をつける。
6　あさり、白ワインを入れ、蓋をして強火にする。あさりの殻が開いたら、あさりだけを取り出す。
7　スナップえんどう、ミニトマトを入れて、蓋をして弱火で煮込む。
8　柔らかくなった野菜を取り出す。魚に火が通ったら、あさりと野菜を戻し入れ、レモン、レモンバームを加えて香りを移す。
9　器に盛り、ソンプルサンを食べやすく切って添える。

生春巻き

ライスペーパーで彩りよく具材を巻くだけで、ごちそうに見えてしまうから不思議だね!

[材料] 1本分
ライスペーパー … 1枚
えび(ゆでたもの) … 6尾
ラディッシュ(薄切り) … 1個
香菜の葉 … 適量
エディブルフラワー … 適量
サニーレタス … 2枚
アボカド(薄切り) … 1/4個
アルファルファ … 50g
スイートチリソース … 30g
好みの葉野菜(サニーレタス、ミントなど) … 適量

[作り方]
1 ライスペーパーは水に回しながら浸けて一周し、最後に全体をサッと浸けてかために戻す。
2 1の水気を拭き取り、香菜、ラディッシュ、えび、エディブルフラワーを彩りよくのせる。
3 残りの野菜をのせ、空気を抜くようにしっかりと巻く。
4 食べやすく、見た目もきれいに切り分けて器に盛り、スイートチリソースと葉野菜を添える。

最近はスーパーなどでもよく見かけるようになったライスペーパー。戻し方はいろいろあるようだけれど、ボウルに張った水にサッとくぐらせるのがいちばん簡単。

生春巻きのポイントは、半透明の皮から透けて見える景色。配色や模様など、どうやったらきれいに見えるかを考えながら、具材を並べよう。

生春巻きは野菜をたっぷり食べられるのも魅力。ライスペーパーでギュギュッと巻けば、かさが減って食べやすくなる。食べやすい野菜を選ぶ、食べやすく切るなどの心づかいも。

今回の春巻きの巻き方はイレギュラー。指で具を押さえながら、1回巻いてきっちりと形を整え、皮の左右はたたまずに、最後までしっかり巻いてしまう。

— Chef's talk —

タイ風のサラダは肉が温かいことが美味しさのポイント。冷めるとかたくなったり脂がかたまって食感が悪くなるので、タイミングを考えて仕上げよう。焼いた肉は、休ませることで余熱で内部まで熱が入り、さらに、切ったときに肉汁が流れ出るのを防げる。

タイ風牛ハラミ肉のサラダ

牛肉とサラダを合わせるのは食べる直前で。
肉と野菜の温度差が肝の温かい肉サラダ。

[材料] 4人分
牛ハラミ肉（塊）… 500g
ドレッシング
　チリソース … 小さじ2
　ライム果汁、ナンプラー … 各大さじ1
　砂糖 … 小さじ1
トマト（1cm角に切る）… 1/2個
かぶ（薄切り）、紅芯大根（薄切り）… 各40g
好みの葉野菜（サニーレタス、水菜、ベビーリーフなど）
　… 適量
リコッタチーズ … 適量
塩、粗びき黒こしょう … 各適量
グレープシード油 … 適量
365日×バゲット*（食べやすく切る）… 適量
* p.94参照。

[作り方]
1　牛ハラミ肉は常温に戻し、塩、粗びき黒こしょうを強めにふる。
2　フライパンにグレープシード油を熱し、1を焼く。表面全体にしっかりと焼き色をつける。
3　予熱した180℃のオーブンで5分焼き、取り出したらアルミホイルで包み5分ほど肉を休ませる。
4　ボウルにドレッシングの材料を入れて合わせ、トマト、かぶ、紅芯大根を加えて混ぜる。
5　3を薄切りにして4で和える。
6　器に葉野菜を敷き、5を盛る。仕上げにリコッタチーズを散らす。バゲットを添える。

肉汁を逃さないように表面をしっかり焼きかためてから、オーブンで火を入れ、常温で休ませてから切り分ける。

column 5

パンとチーズ、そしてワイン

家庭の「パン＋チーズ」は
「白いご飯＋漬け物」感覚でカジュアルに！

フランス人にとってパンは白いご飯みたいなもの。小腹がすいたら大きな塊から好きなだけちぎって、チーズをのせて食べる。このチーズは言わば漬け物的存在。食事のときも、メインの料理が終わった後にパンが残っていれば、フランスの家庭なら必ず2～3種は常備しているチーズが出てくる。そこにワインがあればいっしょに楽しむし、食後酒であってもかまわない。パンとチーズというとハードルが高くなりがちですが、食卓に当たり前のように並べられるご飯と漬け物のように、日常感覚で気軽に楽しんほしい。

aスティルトン／世界3大青カビチーズのひとつ。青カビタイプの中でも水分が少なく、特有の強い匂いと濃厚な味わいを持つ。
bタレッジオ／外皮を塩水で洗いながら熟成させたウォッシュタイプのチーズ。風味は穏やかで、わずかな酸味を持つ。
cミモレット18カ月／プレスなどで水分を取り除いた硬質チーズ。1年半の長期熟成で旨味が凝縮され、"からすみ"に似た濃厚な味わいがある。
dカマンベール／軟質チーズの表面に白カビを植え付けて熟成させたもの。くせが少なくクリーミーな味わいで食べやすい。

すき焼き

すき焼きは砂糖をカラメルにするのがポイント。
甘すぎず香ばしい香りで美味しさUP。

[材料] 4人分
バンズ*（横半分にカット）… 4個
牛薄切り肉 … 300g
舞茸 … 1と1/2パック
きび糖 … 30g
酒 … 30ml
しょうゆ … 20ml
牛脂（2cm角）… 1個
＊ p.93 参照。

[作り方]
1 舞茸は石づきを切り、食べやすい大きさに裂く。
2 バンズは横半分に切る。
3 すき焼き鍋を十分に熱し、牛脂を入れて溶かしながら全体に脂を塗り、舞茸を焼く。しばらく動かさずに、しっかりと焼き目がついたら裏返して同様に焼く。いったん別皿に取り出す。
4 3の鍋にきび糖を適量入れる。きび糖が溶けて泡が立ち、濃いめの茶色になったらしょうゆ、酒を加えて溶き混ぜる。味見をしてきび糖で味を調える。
5 牛薄切り肉を広げて入れ、サッと両面を焼く。3を戻し入れて煮汁を絡める。
6 バンズに舞茸、牛肉を順に重ねて挟む。

ほうれん草と春菊の和え物

2種類の青菜を合わせることで、香りの幅が広がり、ピーナッツの和え衣で味わいに変化をつける。

[材料] 4人分
ほうれん草 … 1束
春菊 … 1束
和え衣
　ピーナッツペースト
　　（無糖）… 15g
　きび糖 … 10g
　だし … 30ml
　しょうゆ … 15ml
ピーナッツ
　（粗みじん切り）… 少々

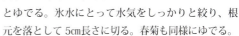

[作り方]
1 鍋にたっぷりの湯を沸かし、塩少々（分量外）を入れてほうれん草をサッとゆでる。氷水にとって水気をしっかりと絞り、根元を落として5cm長さに切る。春菊も同様にゆでる。
2 ボウルに和え衣の材料をすべて合わせ、1を和える。
3 器に盛り、ピーナッツを散らす。

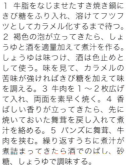

1 牛脂をなじませたすき焼き鍋にきび糖をふり入れ、溶けてフツフツとしてカラメル化するまで待つ。2 褐色の泡が立ってきたら、しょうゆと酒を適量加えて煮汁を作る。しょうゆは味つけ、酒は色止めとして使う。味を見て、カラメルの苦味が強ければきび糖を加えて味を調える。3 牛肉を1～2枚広げて入れ、両面を素早く焼く。4 香ばしい香りが立ってきたら、先に焼いておいた舞茸を戻し入れて煮汁を絡める。5 バンズに舞茸、牛肉を挟む。繰り返すうちに煮汁が煮詰まってきたら酒でのばし、砂糖、しょうゆで調味する。

― Chef's talk ―

肉を焼きながら砂糖としょうゆで調味する関西風すき焼きは、砂糖のカラメル化と、肉の焼き目のメイラード（褐色）反応との相乗効果で、独特の香ばしさと味の深みが生まれる。割り下で最初から煮てしまう関東風よりも、焦げた砂糖の苦味が加わることで、より複雑で強い味になる。

77

ビーツとキヌア、りんごのサラダ

りんごとライムを加え、ビーツの土っぽさを中和し、美味しさを引き出したひと皿。

[材料] 2人分
ビーツ … 300g
キヌア … 30g
玉ねぎ … 100g
りんご … 50g
フレンチドレッシング（作り方はp.95）… 40g
ライム果汁 … 1/8個分
塩、きび糖 … 各適量
ヨーグルトレモンソース
　水切りヨーグルト（作り方はp.33）… 30g
　フレンチドレッシング（作り方はp.95）… 15g
　レモン汁 … 5g
ライムの果肉（房取りしたもの）、ライムの皮（せん切り）… 各適量

[作り方]
1　180℃のオーブンでビーツを45分焼く。竹串がスッと通るくらい柔らかくなればOK。皮をむき、1.5cm角に切る。
2　キヌアは洗って沸騰した湯で10分ほどゆで、ざるに上げて水気をきる。
3　玉ねぎは薄切りにして水にさらし、水気をきる。りんごは皮をむいて1.5cm角に切る。
4　ボウルに1、2、3を合わせ、フレンチドレッシング、ライム果汁を加えて混ぜ、塩、きび糖で味を調える。
5　ヨーグルトレモンソースの材料を混ぜ合わせる。
6　4を器に盛ってヨーグルトレモンソースをかけ、ライムの果肉と皮をあしらう。

仔羊ローストのカスレ

カスレは汁気なくなるまで煮込むのが
美味しくなるポイント。
鍋肌にできる焦げ付きは旨味の元。

[材料] 2人分
仔羊肉（骨付き）… 4本
白いんげん豆 … 200g
玉ねぎ（5mm角に切る）… 150g
にんじん（5mm角に切る）… 100g
セロリ（5mm角に切る）… 80g
タイム … 1枝
ローズマリー … 1枝
ローリエ … 1枚
ブイヨン（作り方はp.33）… 500ml
塩、粗びき黒こしょう … 各適量
グレープシード油 … 適量
カンパーニュ … 適量

[作り方]
1　白いんげん豆はたっぷりの水に浸してひと晩おく。
2　1の水気をきって鍋に入れ、豆がかぶるくらいの水を加えて1時間半ほどゆでる。水が減って、豆がゆで汁から顔を出したら、ときどき水を足す。芯がやや残る程度の柔らかさになったら、ざるに上げる。
3　鍋にグレープシード油を熱し、玉ねぎを炒める。途中で塩少々をふり、玉ねぎがしんなりしてきたら、にんじん、セロリを加える。
4　全体に油が回ったらハーブ類、ブイヨンを入れる。
5　煮立ったら2を加え、白いんげん豆が完全に柔らかくなるまで、蓋をして弱火で30分ほど煮込む。
6　仔羊肉に塩、粗びき黒こしょうをふる。フライパンにグレープシード油を熱し、両面をしっかり焼く。
7　6に5を入れ、水気がなくなるまで強火で煮込む。
8　器に盛り、カンパーニュを食べやすく切って添える。

Chef's talk

煮汁がなくなるまでしっかり煮込んでいくと、鍋の中でメイラード（褐色）反応が起こる。つまり焦げ付きがたくさんできる。これが旨味の元。こそげてカスレに混ぜ込みながら煮ると味がぐっと深くなる。

そして、パンが残ったら…
recipe for leftover breads

食べ切れなくて残ってしまったパン。
せっかく買った美味しいパンは、最後まで美味しく食べ切ろう。
食材を無駄にせず使い切れてこそ料理上手だ！

前日楽しんだカスレとカンパーニュ。

リボリータ

2日目だから美味しくなるんだ。
カンパーニュからも旨味が出るから絶対入れよう。

[材料] 作りやすい分量
仔羊ローストのカスレ（作り方は p.80）… 適量
カンパーニュ … 適量
イタリアンパセリ（粗みじん切り）… 適量

[作り方]
1　カンパーニュは小さくちぎる。
2　カスレから仔羊ローストを取り出し、骨を除いてひと口大に切り分けて、鍋に戻す。
3　2に1を入れ、180℃に予熱したオーブンで10分焼く。
4　器に盛り、イタリアンパセリを散らす。

— Chef's talk —

がんばって作ったカスレでも、次の日も食べるとなると飽きてるよね。それを美味しく変化させるのがこのリボリータ。イタリアの家庭料理、マンマの知恵だね。鍋パーティをして、翌日煮汁や具が残っている鍋にご飯を入れて雑炊にする感覚と同じ。

残ってちょっとかたくなってしまったパンを小さくちぎって使う。きちんと美味しいパンで作らないと、折角のリボリータががっかりする味になるから要注意。

ガスパチョ

バゲットはスープの濃度調整に。美味しいバゲットなら旨味もいっぱいに。

[材料] 4人分
トマト … 中3個
パプリカ（赤）… 1個
いちご … 150g
365日×バゲット* … 10cm
ブイヨン（作り方は p.33）… 100ml
A ┃ にんにく … 1/4かけ
　┃ レモン … 1/4個
　┃ 赤唐辛子 … 1本
　┃ タバスコ … 1g
　┃ 塩 … 小さじ1/2
　┃ エキストラヴァージンオリーブ油 … 大さじ2
白ワインビネガー … 5ml
塩 … 適量
具
　┃ カラフルトマト … 2～3個
　┃ パプリカ（赤）… 少々
　┃ いちご … 2粒
　┃ モッツァレラチーズ … 適量
　┃ ベビーリーフ、ディル … 各少々
＊ p.94 参照。

[作り方]
1　トマトは湯むきし、ヘタと種を取り除いて1.5cm角に切る。パプリカは種と白いワタを取り除き、薄切りにする。いちごはヘタを取り、1/2（大きければ1/4）に切る。
2　ボウルにバゲットの中身（白い部分）だけを入れ、ブイヨンを注いでふやかす。
3　2に1とAを加えて混ぜ合わせ、ひと晩マリネする。
4　3をレモンと赤唐辛子を取り除いてミキサーに移し、なめらかになるまで攪拌する。
5　白ワインビネガー、塩で味を調え、冷蔵庫で冷やす。
6　具の用意をする。カラフルトマトはヘタを取って縦横4等分に切る。いちごはヘタを取って縦半分に切り、パプリカは粗く刻む。モッツァレラチーズはひと口大に切る。
7　器の中央にセルクル（直径40mm）を置き、6を彩りよく詰める。
8　セルクルの周りに5を注ぐ。セルクルを外し、具の上にベビーリーフとディルをのせる。

── Chef's talk ──
スープの材料を合わせてひと晩マリネすることで、味が染み込んでなじみ、旨味も出てくる。フレッシュだけど深みのあるガスパチョができ上がる。とれたての新鮮さではなく、料理としてのフレッシュ感を成り立たせる。

パンツァネッラ

パンを水に浸けるってびっくり? そう、びっくりするほど美味しくなる。

[材料] 4人分
ソンプルサン * … 1個
好みの葉野菜
　（サニーレタス、水菜、ベビーリーフなど）… 適量
トマト … 1/4個
ズッキーニ … 1/5本
生ハム … 4枚
ドレッシング
　グラナパダーノチーズ（すりおろす）… 30g
　ヨーグルト … 15g
　白ワインビネガー … 15g
　アンチョビ（みじん切り）… 0.5g
　にんにく（すりおろす）… 0.2g
　塩 … 1g
　粗びき黒こしょう … 少々
　グレープシード油 … 30g
グラナパダーノチーズ（細かく砕く）… 適量
ディル、粗びき黒こしょう … 各適量
＊ p.94参照。代用するなら高加水パンなどを。

[作り方]
1　ソンプルサンは手で小さめにちぎり、水に浸けて水分を吸わせ、しっかり水気を絞る。
2　葉野菜は食べやすい大きさにちぎる。トマトは1cm角に切り、ズッキーニは薄い輪切りにする。
3　ボウルにドレッシングの材料をすべて合わせ、よく混ぜる。
4　3に1、2、生ハムを加えて和え、器に盛る。グラナパダーノチーズとディルを散らし、粗びき黒こしょうをふる。

パンが水を吸って柔らかくなったら、その水をしっかり絞りきることが大切。

— Chef's talk —

パンに使う水は、できれば水道水じゃない方がいい。水を吸ったパンにはドレッシングが染み込まず、パンの味は吸水した水そのものになる。だから、美味しい水を選んで欲しい。

パン・ペルデュ

"パン・ペルデュ"はフランス語で"失われたパン"の意。
まさに残ったパンのためのデザートメニューだ。

[材料] 2人分
ブリオッシュ＊…2個
アパレイユ（作りやすい分量）
　薄力粉…32g
　みなみの穂＊＊…25g
　グラニュー糖…75g
　全卵…10g
　卵黄…21g
　バニラビーンズ…1/8本
　牛乳…225ml
　バター（食塩不使用）…10g
　カルバドス…18g
バター（食塩不使用）…適量
バニラアイスクリーム…適量
コンフィチュール（作り方はp.31）　適量
＊ p.93参照。
＊＊福岡産小麦100％で作られた強力粉。

[作り方]
1　アパレイユを作る。バニラビーンズはさやから粒をしごき出し、牛乳と混ぜる。
2　ふるった粉類とグラニュー糖をボウルに入れる。全卵と卵黄を溶きほぐして加え、ダマにならないよう泡立て器でしっかり混ぜる。
3　2に1を4回に分けて加え、泡立て器でそのつどよく混ぜる。
4　バターを小鍋に入れ、中火で混ぜながら熱し、焦げる少し前で火から下ろし3に加え混ぜる。カルバドスを加え、アパレイユの完成。
5　ブリオッシュを1.5cm厚さにスライスし、バットに並べてアパレイユを流し入れ、5分ほど浸す。
6　フライパンにバターを入れて温め、バターが溶けたら5を入れ、弱めの中火で両面にこんがりと焼き目をつける。
7　器に盛り、バニラアイスクリーム、コンフィチュールを添える。

気泡が細かく生地の目が密なリッチ系パンのブリオッシュは、アパレイユの吸収が早い。

焼いている間は動かしたりせず、片面にきれいな焼き目がつくまでじっくり焼いてから裏返す。

― Chef's talk ―

ブリオッシュのように柔らかいパンは、アパレイユがよく染み込むので浸す時間は短くてOK。焼きたてにバニラアイスクリームを添え、溶けたところをソースにして、アツアツのパン・ペルデュと冷たいアイスクリームを食べるのが美味。

チョコレートケーキ

本格的なショコラショーで、残ったパンを
しっとり濃厚なチョコレートケーキに。

[材料] 2人分
ソンプルサン＊…1/4個
クランベリーのシロップ漬け（作りやすい分量）
　A｜ドライクランベリー…50g
　　｜水…52ml
　　｜はちみつ、キルシュ…各5g
ショコラショー
　｜クーベルチュール・チョコレート＊＊（カカオ分61％）…55g
　｜クーベルチュール・チョコレート（カカオ分32％）…40g
　｜牛乳…400ml
　｜きび糖…20g
デコレーション用
　｜クレームシャンティー
　　｜生クリーム（乳脂肪分35％）…100ml
　　｜きび糖…8g
　　｜ココナッツリキュール…1g
　｜コーティング用チョコレート（パータグラッセ）…適量
　｜クランベリーのシロップ漬け、粉砂糖…各適量

＊p.94参照。代用するなら高加水パンなどを。
＊＊厳しい国際規格をクリアした製菓用チョコレート。口溶けがよく、カカオ本来の風味が味わえる。

[作り方]
1　クランベリーのシロップ漬けを作る。Aを混ぜ合わせてドライクランベリーを加え、冷蔵庫でひと晩マリネする。
2　ショコラショーを作る。クーベルチュール・チョコレートを細かく刻んでボウルに入れ、約60℃の湯で湯せんにかけて溶かす。鍋に移して弱火にかけ、人肌に温めた牛乳ときび糖を加え、泡立て器でなめらかに溶けのばす。
3　ソンプルサンを6等分にカットし、2に浸す。
4　パンがショコラショーを十分に吸ったら、生地にできた穴にクランベリーを詰める。
5　4を型（ここでは耐熱性マグカップを使用）に詰め、170℃に予熱したオーブンで6分焼く。
6　クレームシャンティーを作る。ボウルに生クリームを入れて底を氷水に当て、きび糖とリキュールを加えて、泡立て器で角が立つくらいまで泡立てる（八分立て）。
7　5の粗熱が取れたら器に盛り、6を星型の口金を付けた絞り袋で絞り出し、クランベリーを飾る。コーティング用チョコレートをピーラーで薄く削って散らし、粉砂糖を茶こしでふる。

ショコラショーが冷めていると浸透しにくいので、温かい状態でパンを浸す。

パンのクラムにできた気泡の大きな穴に、クランベリーのシロップ漬けを詰める。

ショコラショーが染み込んだパンを型に詰め、すき間ができないように上から押さえる。

― Chef's talk ―

フランス語で"熱いチョコレート"を意味するショコラショーは、チョコレートを溶かして作るホットドリンク。計量さえきちんとすれば、間違いなく美味しくできる。これにパンを浸して焼きかためるだけで、簡単にチョコレートデザートができる。因みに、夕食の後に彼女と楽しもうと思って用意したショコラショーを飲み忘れた……というのがこのケーキを作る設定。

本書に登場するパンレシピ

＊配合はベーカーズパーセントで表記しています。「ゆめちから」「みなみの穂」は国産小麦100％の強力粉です。

365日×食ぱん

バターの香り豊かな角食パン。トーストすると外はサクサク、中はもっちりと焼き上がる。208円

[配合]
ゆめちから…50％
みなみの穂…50％
藻塩…1.8％
グラニュー糖…6％
水…75％
インスタントドライイースト…1％
イースト用溶液（イーストを溶く水）…5％
バター…20％

[作り方]
1 バターを1cm角に切り、小麦粉に加えてすり混ぜる。
2 1に塩、グラニュー糖を入れ、水を加える。
3 イーストをイースト用溶液で溶いて2に入れ、ゴムべらでまとまるまで混ぜる（こね上げ温度22℃くらい）。
4 3を麺棒で伸ばし、三つ折りにする。これを生地に力がつくまで4～5回繰り返す。
5 暖かい場所（25～30℃）に2時間30分ほどおいて発酵させる。
6 5を分割して軽く丸め、15分ほど休ませて丸め直す。
7 6を食パン型に入れ、暖かい場所に40分おいて最終発酵させる。
8 7を190℃のオーブンで30分焼く。

バンズ

口溶けがよく、肉汁やソースが染みても
ぐじゃぐじゃにならないハンバーガー用のパン。非売品

[配合]
ゆめちから…50%
煉瓦…50%
藻塩…1.8%
上白糖…4%
牛乳…30%
湯…40%
グレープシード油…4%
バター…3%
インスタントドライイースト…1%
イースト用溶液…5%
足し水…15%
溶き卵、白ごま…各適量

[作り方]
1 ボウルに塩、上白糖を入れ、牛乳と湯を加える。
2 1にバターとグレープシード油を入れ、小麦粉を加える。
3 イーストをイースト用溶液で溶いて2にイーストを入れ、ゴムべらでまとまるまで混ぜ、広げて10分おく(こね上げ温度28℃くらい)。
4 3に足し水を入れ、生地と水が繋がらないように、細かくバラバラの状態になるように手で混ぜる(28℃の生地温をキープする)。
5 暖かい場所(25〜30℃)で40分おいて発酵させ、軽くパンチをして、さらに90分おく。
6 5を分割し、15分休ませる。
7 ガスを抜かないように生地の四隅を中心に折り込んで成形する。
8 天板に並べ、表面に溶き卵を塗って白ごまをつけ、15分ほど休ませる。
9 8を170℃のオーブンで15分焼く。

ブリオッシュ

卵とバターをたっぷり使った、
しっとりとして柔らかい口当たりのリッチなパン。160円

[配合]
ゆめちから…50%
みなみの穂…50%
藻塩…1.9%
グラニュー糖…15%
全卵…10%
牛乳…36%
生クリーム(乳脂肪分35%)…50%
インスタントドライイースト…2%
イースト用溶液…5%
バター…25%

[作り方]
1 生クリームをしっかり泡立てる。
2 バターを1cm角に切り、小麦粉に加えてすり混ぜる。
3 バターが細かくなったら、塩、グラニュー糖を加える。
4 3に全卵、牛乳、1の生クリームを入れ、イースト用溶液で溶いたイーストを加えてゴムべらでまとまるまで混ぜる(こね上げ温度22℃くらい)。
5 3を麺棒で伸ばし、三つ折りにする。これを生地に力がつくまで4〜5回繰り返す。
6 暖かい場所(25〜30℃)に60分おいて発酵させる。
7 分割し軽く丸め、10分ほど休ませて丸め直す。
8 7を食パン型に入れ、暖かい場所に2時間30分おいて最終発酵させる。
9 8を170℃のオーブンで15分焼く。

365日のパン

おいしくて身体にやさしい365日のベーシックなパン。

100％＝ソンプルサン
加水率100％でグレープシード油を使用した、しっとりもちもち食感のパン。230円

セイグル30
ライ麦粉を30％使用した、サンドイッチにお勧めの食パン。320円

福岡×食ぱん
福岡産小麦と生クリームを使用した、トースト向き食パン。外はカリッと中はふんわり。340円

365日×バゲット
北海道産小麦を使用した、粉の甘味と香ばしさが特徴のバゲット。240円

セイグル40
自家製の酵母を使用した、ライ麦の香ばしさと甘味のあるハード系パン。350円

イングリッシュマフィン
非売品

北海道×食ぱん
北海道の小麦、バター、牛乳を使った甘味のある食パン。トーストは外はサクッと中はしっとり。400円

コンプレ60
自家製酵母を使用した全粒粉のハードパン。押し麦の甘味とパンの香ばしさが特徴。320円

ヴィーニュ
山ぶどうをふんだんに練り込んだライ麦パン。山ぶどうの甘酸っぱさが際立つ。170円

くるみぱん
ソフトなパンの中にくるみがぎっしり。もっちりとした生地とくるみの食感が美味。190円

レシピの補足②

各ページに入りきらなかったレシピをまとめて紹介します。

自家製ハム

[材料] 作りやすい分量
豚ロース肉（背脂を除く）… 1kg
A ｜ 塩 … 30g
　｜ グラニュー糖 … 15g
　｜ 粗びき白こしょう … 3g
B ｜ エシャロット（薄切り）… 50g
　｜ セロリ（薄切り）… 50g
　｜ にんじん（薄切り）… 50g
　｜ にんにく（薄切り）… 15g
燻製用チップ … 適量

[作り方]
1. Aを混ぜ合わせ、豚ロース肉の表面にすり込み、よくもんでなじませる。
2. Bを1の表面全体に貼りつけるようにまぶし、ラップでしっかり包み、冷蔵庫に1週間おいてマリネする。
3. 2の表面の野菜、調味料を水で洗い流す。大きめのボウルに水を張って肉を入れ、直接肉に水が当たらないようにして、流水（最も弱い水量）で20分塩抜きをする。
4. キッチンペーパーで水気を拭き取り、食品用脱水シートで包み、冷蔵庫に2日おいて水分を抜く。
5. 中華鍋などの底にアルミホイルを敷き、燻製用チップをのせ、網を鍋の深さの真ん中くらいに引っかかるように置く。
6. 5を強火にかけてチップを発火させ、煙が出はじめたら網の上にシートをはずして4をのせ、蓋をして中火で15分ほどスモークして燻製にする。
7. 焼成温度70℃、スチーム100％のオーブンに6を入れ、芯温68℃になるまで火を入れる。取り出して粗熱を取る。

フレンチドレッシング

[材料] 作りやすい分量
玉ねぎ … 120g
セロリ … 15g
白ワインビネガー … 200ml
砂糖 … 45g
塩 … 20g
グレープシード油 … 200ml

[作り方]
すべての材料をミキサーに入れ、なめらかになるまで攪拌する。

アイオリソース

[材料] 作りやすい分量
卵黄 … 3個分
塩 … 6g
にんにく（すりおろす）… 0.4g
グレープシード油 … 200ml
レモン汁 … 10ml
牛乳 … 20ml
粗びき白こしょう … 少々

[作り方]
1. ボウルに卵黄、塩、にんにくの半量を入れ、泡立て器でもったりするまでよく混ぜ合わせる。
2. 1を混ぜながら、レモン汁の半量を少しずつ加えて濃度をゆるくする。
3. グレープシード油を4〜5回に分けて少しずつ加え、そのつどよく混ぜ合わせる。白っぽくクリーム状になったら、にんにく、レモンの残り半量を加えて混ぜる。
4. 牛乳を少しずつ加え、トロリとした濃度に調整し、粗びき白こしょうで味を調える。
  ＊清潔な容器で冷蔵保存し、2〜3日で使いきる。

杉窪章匡 Sugikubo Akimasa

1972年、石川県生まれ。両祖父が輪島塗職人という職人家系で育つ。高校を中途退学後、辻調理師専門学校に入学、パティシエとして職人の道を志す。卒業後、神戸や東京などで修業し、24歳でホテルのシェフ・パティシエに就任。2000年、渡仏。2つ星「ジャマン」1つ星「ペトロシアン」を経て'02年に帰国。数軒のパティスリーやブーランジュリでシェフを務める。'13年に独立。日本各地にパン屋をプロデュースオープンする傍ら、同年12月に自身がオーナーシェフを務める「365日」をオープン。国産小麦のみを使い、無添加、無農薬・減農薬にこだわり、副素材まで手作りしたパン、ワインやチーズも楽しめるイートイン、国内外からセレクトした食回りのアイテムが揃う店は、新しいパン屋のスタイルとして注目され、朝から行列が途切れることのない人気店となる。'16年、カフェ「15℃」を「365日」の姉妹店としてオープン。料理人、パティシエ、ブーランジェの視点から常に新しい形の「日本のパン」を考え、パンの世界を豊かにクリエイトする新世代の食の職人である。

365日
東京都渋谷区富ヶ谷1-6-12
電話　03-6804-7357
営業時間　7:00～19:00
定休日　無休（2月29日のみ休）

15℃
東京都渋谷区富ヶ谷1-2-8
電話　03-6407-0942
営業時間　7:00～23:00（L.O.22:00）
定休日　不定休

365日・15℃公式サイト
http://ultrakitchen.jp/

ブレッドナイフ pas mal WAVECUT
（パマル ウェーブカット）
日本を代表する刃物メーカー・貝印と共同開発したパン切りナイフ。4種類の刃で、ふんわり食パンからクラストが堅いバゲット、具だくさんのサンドイッチまで、この1本でラクに美しくカットすることができます。
発売元／貝印株式会社
http://www.kai-group.com/

撮影協力
flower&green-gallery
Chemin Vert ～シュマン ヴェール～
東京都渋谷区恵比寿南3-2-9
電話　090-3452-1187
営業日　金・土・日曜日
（他の曜日の注文も相談可）
営業時間　10:00～19:00
http://chemin-vert.net/

staff

撮影	福岡拓
デザイン	椎名麻美
ライティング	鈴木美和
編集・文・スタイリング	関澤真紀子
企画協力	後藤晴彦
校正	株式会社円水社
編集	株式会社世界文化クリエイティブ 川崎阿久里

内容に関するお問い合わせは株式会社世界文化クリエイティブ
電話 03（3262）6810 までお願いします。

「365日」のパン暮らし

発行日　2017年5月5日　　初版第1刷発行

著者	杉窪章匡
発行者	小穴康二
発行	株式会社世界文化社 〒102-8187 東京都千代田区九段北4-2-29 電話　03（3262）5115（販売部）
印刷・製本	共同印刷株式会社

©Sugikubo Akimasa, 2017. Printed in Japan

ISBN978-4-418-17315-0
無断転載・複写を禁じます。
定価はカバーに表示してあります。
落丁、乱丁のある場合はお取り替えいたします。